Ein Papa hat's nicht immer leicht

Freddy Schissler

Ein Papa hat's...
nicht immer leicht

Franz Brack Verlag, Altusried

Umschlag und Illustrationen: Albert Hefele

Kontaktadresse des Autors:
Freddy Schissler
Telefon: 08 31/9 36 29
E-Mail: freddyschissler@yahoo.de

Alle Rechte vorbehalten
ISBN 3-930323-66-4
1. Auflage 2006
© 2006 Franz Brack Verlag
Zugspitzstraße 2a, 87452 Altusried
Telefon 0 83 73/92 05-20
Internet: www.brack-verlag.de

INHALTSVERZEICHNIS

Vorwort 7

Schulaufgaben? Alles Pipifax! 8
(Kind bringt Mann zur Weißglut)

Und ewig tropft die Trinkflasche 11
(Weshalb ich die Lehrerin meines Sohnes liebe)

„Du Papa, was isch eigentlich …" 14
(Mann mit Loch im Bauch)

Buddeln am Strand 20
(Oder: So wird man zum körperlichen Wrack)

Dem Fernsehen sei Dank! 25
(Wie auch ein verregneter Tag zum Genuss wird)

Fußballbegeisterter Papa leidet 28
(… und wird am Ende dennoch glücklich)

Man(n) bereitet sich auf Pippi vor 32
(… und plötzlich fallen ihm die Augen zu)

Armer Papa hört nix mehr 34
(Nicht immer setzt man sich wirklich durch)

Auch Männer können kochen 39
(Die Frage lautet nur: wie?)

Rubi ruft und das Kind springt 42
(Eine Ski-WM wird zur Gefahr für die Familie)

Es rackert der Nussknacker 46
(… und der Papa verdreckt das Wohnzimmer)

Der Allgäuer geht nicht unter 48
(Schon gar nicht beim Bingo-Spielen)

Rolf kommt, singt und siegt 51
(Sänger macht Kind froh – aber nicht den Vater)

Wissen ist Macht 55
(Wenn Kinderfragen zu kompliziert werden)

Oh, mein Rücken schmerzt! 60
(Eine Familie landet auf dem Abstellgleis)

Sarah putzt die Zähne.. 63
(Wenn der Kleine im Bett ist, beginnt das Leben)

Wenn zwei sich streiten... 66
(... ist der Dritte mitunter ein Depp)

Bekenntnisse eines Jungen 73
(Oder: einen Vornamen wird man niemals los)

„Kenne mer d' Märklin aufbaua?" 76
(Sehnsucht nach Mecklenburg-Vorpommern)

Extra-Bonus:
(Kolumnen des Karikaturisten Albert Hefele)

Große Auftritte I:
Eskalation am Centercourt 81

Mein Abteil gehört mir!... 88

Große Auftritte II:
Opa ist der Weihnachtsmann 93

Vorwort

Sie sind Mama oder Papa? Tante oder Onkel? Oma oder Opa? Und Sie sind fast täglich von Kindern umgeben? Wer sich an dieser Stelle noch nicht angesprochen fühlt, für den gilt: In Ihrer Nachbarschaft wohnen Kinder, ja und die lieben Freunde können oft stundenlang erzählen von den neuesten Erlebnissen mit dem eigenen Nachwuchs.
Kinder beherrschen unser Leben. Morgens, mittags, abends. Und nachts. Ja, vor allem auch nachts, und sie können selbst hart gesottene Allgäuer aus der Fassung und an den Rand der Verzweiflung bringen.
Wie? Sie schütteln noch immer den Kopf und beteuern hartnäckig: „In meinem Leben spielen Kinder überhaupt keine Rolle."
Dann gibt es für Sie nur eine Möglichkeit: Lassen Sie sich mit Hilfe dieses Buches in die Welt der Kinder, der Mamas oder Papas entführen. Ich verspreche: Es ist eine bisweilen skurrile, nervtötende aber stets spannende und ereignisreiche Welt.
Kurzum – eine liebevolle Welt.

Viel Spaß beim Eintauchen in diese Welt, beim Schmunzeln und Lachen wünscht Ihnen

Freddy Schissler

Schulaufgaben? Alles Pipifax!
(Kind bringt Mann zur Weißglut)

Hinter mir lag ein anstrengendes Wochenende mit Dienst am Samstag und Dienst am Sonntag. Vor mir lag ein freier Tag unter der Woche. Zum Ausspannen. Ich hatte mir nichts vorgenommen, wollte den Tag auf mich zukommen lassen. Er kam auch auf mich zu! Zuerst in Gestalt meiner Frau und deren Aufforderung: „Heute kümmerst du dich mal um die Hausaufgaben deines Sohnes."
„Deines Sohnes" hatte sie gesagt, und diese Formulierung verhieß insofern nichts Gutes, als dass sie immer dann zum Wort „dein" greift, wenn sie sich ärgert. Gibt es hingegen Grund zur Freude über Frederik, ist der kleine Mann „unser" Sohn. Oder, im Steigerungsfall der positiven Vorkommnisse rund um diesen Wonneproppen, eben ganz einfach „ihr" Sohn.
An diesem Tag war es mein Sohn. Und damit auch mein Problem, die Hausaufgaben des Erstklässlers unfallfrei, also tränen- und wutausbruchsfrei, über die Bühne zu bringen. In meinem Beruf vergeht kaum ein Tag konfliktfrei. In meinem Beruf gehört es zur täglichen Arbeit, Probleme zu analysieren und sie anschließend aus der Welt zu schaffen. Was, bitteschön, sollte im Gegensatz zu diesem wirklichen Ernst des Lebens so schwer sein, mit einem Siebenjährigen ein paar läppische Hausaufgaben zu erledigen?
Ich weiß nicht mehr genau wann mein Geduldsfaden erste Risse bekam – als Frederik beim Lösen

der dritten Rechenaufgabe, mit dem gesamten Oberkörper über dem Heft liegend, per Ellbogen das Glas mit Wasser umstieß, dessen Inhalt im Nu das daneben liegende Deutschheft überflutete. Oder sein ständiges Kauen auf dem Ende des Bleistiftes, der dort, quasi als Krone, einen Radiergummi trug – und der irgendwann, als das Kauen meines Sohnes zu unkontrolliert geworden war, in seinem Mund verschwand und er ihn daraufhin mit einem ekelhaften Geräusch sofort wieder ausspie. Oder als er, nach meinem Hinweis, dass 7 plus 11 nicht 17, sondern 18 sei, mich einen Lügner hieß und schwor, dass seine Lehrerin ihm beigebracht habe, dass 7 plus 11 nichts anderes als 17 ergebe, und dass sie schließlich eine Lehrerin sei, ergo gut rechnen könne und auch sonst alles wisse und ich ja nur bei der Zeitung arbeite und wie das überhaupt sei: „Muss man deinen komischen Beruf überhaupt erlernen?"

Ja, ich glaube, bei dieser Frage riss mein Geduldsfaden endgültig und ich wünschte mir nur noch, mit diesen blöden, übrigens gar nicht so einfachen Hausaufgaben so schnell wie möglich fertig zu werden.

Auf uns wartete allerdings noch eine Leseeinheit. Das heißt: zehn Minuten am Stück lesen. Natürlich durfte man auch länger, aber das, warnte mich meine Frau, könne ich mir gleich aus dem Kopf schlagen. „Du wirst froh sein", hatte sie prophezeit, „wenn du überhaupt zehn Minuten schaffst."

Der Ton in ihrer Stimme, ein Mix aus Klage, Schmerz und Sehnsucht nach einem sorglosen Leben, hätte mir zu denken geben müssen.

Eine Stunde später wusste ich, was sie meinte. Die ersten zehn Minuten diskutierten mein Sohn und ich, wie viele Seiten des Buches er nun zu lesen habe. Weitere zehn Minuten stritten wir uns, welche Seiten des Buches er mir vortragen wollte (er bevorzugte jene mit möglichst großen Bildern und wenig Text – ich wollte ausgerechnet die entgegengesetzte Variante).

Nach 20 Minuten legte er endlich los. Vielmehr, er buchstabierte in Zeitlupentempo drauf los. Meinen Wunsch, das jeweilige Wort erst einmal still im Kopf vor sich hin zu sagen, ehe er es laut aussprach, ignorierte er. Ebenso meinen Hinweis, ein „u" mit zwei Pünktchen oben drauf spreche man als „ü" aus und nicht als „ö".

Und wieder lieferte er nach einigen Minuten das Glas mit Wasser, das ich blöderweise wieder gefüllt hatte. Das mit dem abgebissenen Radiergummi am Ende des Bleistiftes wiederholte sich nicht. Ich hatte ihm einen Kaugummi in den Mund gesteckt, der allerdings – in einen sauren Apfel muss man beißen – die Aussprache beim Lesen deutlich verschlechterte.

Wir sind uns an diesem Tag nach den Hausaufgaben zwei Stunden lang aus dem Weg gegangen. Die Spannungen waren groß, und am Abend, als meine Frau Shopping, Jogging-Lauf und Besuch bei einer Freundin beendet hatte, habe ich sie liebevoll in den Arm genommen und ihr ein „Dankeschön für alles" ins Ohr gehaucht.

Die kommenden vier Wochen habe ich unter der Woche keinen freien Tag mehr genommen.

Und ewig tropft die Trinkflasche
(Weshalb ich die Lehrerin meines Sohnes liebe)

Ich liebe die Lehrerin meines Sohnes. Also, rein platonisch. Das kam so: Jeden Morgen, bevor er in die Schule nach Heiligkreuz geht, fülle ich seine rote Brotzeitdose und seine kleine, grüne Trinkflasche mit dem praktischen Drehverschluss. Jeden Mittag, wenn er nach Schulschluss wieder nach Hause kommt, bin ich wütend. Die kleine, grüne Trinkflasche liegt quer auf dem Boden des Schulranzens – und tropft.
Egal, was man mit ihr anstellt: unsere kleine, grüne Trinkflasche tropft. Und tropft. Ich habe sie schon dreimal umgetauscht in einem Kaufhaus in der Kemptener Innenstadt und dafür das Unverständnis der genervten Verkäuferin geerntet, die stets aufs Neue beteuerte, als ich bei ihr aufkreuzte: „Unsre Drinkflascha sind in Ordnung. Sie miasset halt g'scheit zuadreha. Typisch Männ'r!"
Aber meine tropft, stellte ich jeden Mittag fest. Ich habe vieles ausprobiert: einen neuen Gummiring gekauft, den Deckel ausgewechselt, das verfluchte Ding mit ganzer Kraft zugeschraubt. Das Resultat nach diesem letzten Versuch war wenig erbauend: Gewinde durchgedreht!
Also dieses blöde Ding wieder umtauschen.
Unlängst erlebte unsere arme Familie mit dieser kleinen, grünen Trinkflasche den Supergau. Sie hatte Mathematik-, Deutsch- und Religionsheft im Schulranzen meines siebenjährigen Sohnes unter Wasser gesetzt. Das kostet, ich schwöre es, einen

Haufen an Nerven und erfordert viel Fingerspitzengefühl, den Junior davon zu überzeugen, dass das Leben auch wieder schönere Momente zu bieten hat als diesen. Er sah das irgendwann ein und beendete seinen Tobsuchtsanfall.

Wir mussten die Hefte zum Trocknen an die Wäscheleine im Garten hängen. Natürlich traf alleine mich der Zorn der gesamten Familie, und nicht diese blöde Trinkflasche. Motto: „Bist du eigentlich zu blöde, eine kleine, simple Flasche richtig zuzuschrauben?"

Solche Fragen können schmerzen, wenn sie von den eigenen Lieben kommen – auch einen Mann mit breiten Schultern und starkem Rückgrat, der sich tagtäglich im Beruf behaupten muss.

Zum Glück gibt es die Lehrerin meines Sohnes. Eine wirklich sehr nette Frau in meinem Alter. Keinesfalls sei ich zu blöde, eine Trinkflasche richtig zuzudrehen, versicherte sie mir im Rahmen eines informativen Elternabends. Thema dort: Die Trinkflasche. Das Resümee der Lehrerin klang wie ein Gedicht in meinen Ohren: „Die völlig dichte, nicht tropfende Trinkflasche, liebe Eltern, gibt es nicht!"

Soso. Aha.

Also ich, für meinen Teil, liebe diese kluge, einfühlsame, weltoffene Lehrerin meines Sohnes. Rein platonisch, natürlich. Unsere kleine, grüne Trinkflasche liebe ich hingegen nicht!

„Du Papa, was isch eigentlich ..."
(Mann mit Loch im Bauch)

Manchmal nach dem Aufstehen, noch bevor ich ins Badezimmer gehe, stelle ich mich vor den Spiegel im Flur. Ein großes Teil, in dem man sich von oben bis unten betrachten kann. Ich mache das seit Jahren so, und jedes Mal kann ich neue Dinge entdecken. Das ist spannend. Allerdings: nicht immer zum Lachen. Der Bauch wieder etwas dicker, das Gesicht ein bisschen faltiger, die Haare auf der Brust deutlich grauer – jene auf dem Kopf sind inzwischen so spärlich, dass mir die Farbe egal ist. Eine Mischung am ehesten aus rostbraun und grau. Ein Braunockergrausilbrig vielleicht. Aber das ist mir egal.
An diesem Montagmorgen betrachtete ich weder Gesicht noch Haare. Ich blickte auf meinen Bauch. Dort, sagte ich mir, muss ein Loch sein. Ein großes, rundes Loch. Ich schob sachte das Hemd meines Schlafanzuges nach oben – und war auf alles gefasst.
Kann ein Mensch mit einem Loch im Bauch überhaupt leben? Wo verdaut man dann die ganzen Dinge, die man täglich in sich hineinschaufelt? Und, nun wird's intim, was soll künftig meine Frau tun, die nach dem Aufwachen so gerne mit ihrer Hand über meinen Bauch streichelt?
Fragen, auf die ich keine Antwort wusste, und dennoch schritt ich zur Tat und schob das Oberteil des Schlafanzuges nach oben.
Kein Loch! Weit und breit kein Loch, abgesehen von jenem winzigen Bauchnabeleingang, den ja

wohl jeder Mensch besitzt. Ein richtiges Loch ist das aber nicht. Ich war mir sicher gewesen, fündig zu werden. Vor allem nach diesem Wochenende, das ich alleine mit meinem Sohn verbringen musste, weil meine Frau einen Ausflug nach München unternahm.

Wann Schloss Neuschwanstein erbaut wurde?
Wie tief der Niedersonthofener See ist?
Wie viele Zuschauer auf die Seebühne in Bregenz passen?
Seit wann es das Tänzelfest in Kaufbeuren gibt?

Die Fragen prasselten am frühen Samstagmorgen auf mich ein und hörten nicht auf bis zum Sonntagnachmittag.
Mein Sohn fragte mir ein Loch in den Bauch!!! Ich fühlte mich schon nach wenigen Stunden krank. Ich fühlte mich müde und schwach. Und vor allem: Ich wusste auf fast keine Frage die passende Antwort.
Es war am zweiten Tag, am Sonntag, als meine körperlichen Beschwerden deutlich zunahmen. Immer wenn mein Sohn ansetzte zu einer neuen Frage (Du Papa, was isch eigentlich…), meldete sich mein Immunsystem – und begann zu schwächeln.

Was ist eigentlich ein Fürstabt?

Ich merkte plötzlich, wie mir das Schlucken schwer fiel. Als ob der Hals in Sekundenschnelle zuschwillt und feuerrot wird. Der Speichel passte mit einem Mal nicht mehr hindurch durch diese Öffnung, die hinabführt in Speise- oder Luftröhre. Er sammelte

sich im leicht entzündeten Mundraum. Ich spürte Halsschmerzen. Statt zu antworten, hob ich die rechte Hand wie zur Abwehr und Entschuldigung zugleich und stammelte, dass ich jetzt sofort in die Küche gehen müsse, um mir dort einen Salbei-Tee aufzubrühen, nach Halstabletten zum Lutschen zu suchen und gegebenenfalls eine Schmerztablette zu schlucken.
Eine Stunde später, mir ging es wieder etwas besser, traf mich seine nächste Frage.

Vom Papa wollte er wissen, wie viele Menschen im Allgäu wohnen?

Das Zwicken im Bauch kam wie der Blitz aus heiterem Himmel. Und es ging über in kolikartige Attacken, als mein Sohn mit erhobenem Zeigefinger darum bat, doch bitte die genaue Einwohnerzahl zu nennen. Nach wenigen Minuten krümmte ich mich vor Schmerzen und ließ einen verdutzten Buben mit der Erklärung zurück, ich könne jetzt nicht antworten, sondern müsse mich für ein paar Minuten ins Bett legen.
„Die Schmerzen, du verstehst?", brummte ich beim Verlassen seines Zimmers. Mein Sohn verstand natürlich nicht, sondern wunderte sich nur, in welch schlechtem körperlichem Zustand sich sein Papa an diesem Tag befand.
Nach einer weiteren Stunde tauchte ich wieder auf. Die Krämpfe hatten nachgelassen und ich steuerte die Küche an, um uns beiden ein Essen zu kochen. Nach ein paar Minuten stand mein Sohn neben mir am Herd. Wir lächelten uns an – und begannen zu

plaudern. Wir landeten beim Thema „Memminger Fischertag". Den hatte er in diesem Jahr erstmals miterleben dürfen, und er hatte sich sehr für die Geschichte und die Traditionen dieser ehemals freien Reichsstadt im Unterallgäu interessiert.

Wann marschierte eigentlich Wallenstein in Memmingen ein?

Dem Papa fiel der Kochlöffel aus der Hand. Verdammt, man hat doch solche Jahreszahlen nicht im Kopf! Ich jedenfalls nicht. Wieder eine Frage, die mich mitten in die Magengegend traf. Der Sohn drängte auf eine Antwort („Sag scho, Papa, komm sag!"), während es in meinem rechten Ohr zu Pochen begann und die Lymphdrüsen größer wurden.

Mit wie vielen Soldaten an der Seite kam Wallenstein nach Memmingen?
Wann verließ der große Feldherr die Stadt wieder?

Die Lymphdrüsen hatten Eiergröße erreicht. Auf meiner Stirn stand der Schweiß. Ich stellte meinem Sohn den Teller mit den Nudeln und der Tomatensoße auf den Esszimmer-Tisch und wünschte ihm einen guten Appetit. Ich empfahl mich abermals mit dem Hinweis, ich sei eine Etage höher im Schlafzimmer zu finden. Mein Sohn verstand inzwischen, nickte mir mit verkniffenem Blick zu und wünschte eine gute Besserung. „Bis später, Papa."
Ich tauchte erst wieder auf, als meine Frau nach Hause kam.
Na, was hast du mit deinem Sohn alles angestellt?

Du siehst gar nicht gut aus, mein Lieber. Geht's dir nicht gut?
Sag mal, wann ist eigentlich Ludwig I. in München auf den bayerischen Thron gestiegen?

Ich wundere mich wirklich, als ich an diesem Montagmorgen vor dem Spiegel neben dem Schlafzimmer stehe und nichts entdecke. Ich hätte schwören können, dass dort unten, auf Bauchhöhe, ein Loch ist!

Buddeln am Strand
(Oder: So wird man zum körperlichen Wrack)

Dies ist die Geschichte von einem, der einen zehntägigen Familienurlaub genießen, Bücher lesen und CDs hören wollte. Den dann der Ehrgeiz zu Höchstleistungen trieb – und der am Ende des Urlaubs mit einer Ledermanschette um den Unterarm am Pool der Hotelanlage saß. Dies ist meine Geschichte.
Wie gesagt, ich hatte mir für diesen Urlaub einen Plan zurechtgelegt. Bernhard Schlinks „Die Heimkehr" zu Beginn der Ferien, Jan Weilers „Maria, ihm schmeckt's nicht" danach, dazu CDs von Frederic Chopin, Johannes Brahms, Keb Mo und Willie Dixon. Meine Familie wusste bescheid. Ich wollte ausspannen und Kraft tanken, weil die Wochen zuvor hektisch und anstrengend gewesen waren.
„Ist das in Ordnung, dass ich ein paar Tage meine Ruhe haben will", fragte ich meinen Sohn beim Hinflug.
Grinsend hockte er am Fenster und sah hinaus in den Himmel, obgleich die nette Dame am Bordschalter eigentlich mir den Platz am Fenster zugeteilt hatte. Sein Dank für meine väterliche Großzügigkeit waren ein Kuss auf die Backe und das Versprechen: „Papa, du kaasch liege bleibe. I komm scho klar."
Konnte ich natürlich nicht. Jedenfalls nicht sehr oft. Am dritten Tag musste ich gleich nach dem Frühstück mit ihm ans Meer marschieren – Sandburg bauen. Nein, keine von jener Sorte, die vier Seiten

und zwei Türme hat und in einer halben Stunde aufgehäuft ist. Unser Sohn interessiert sich für Architektur; jetzt schon, mit sieben Jahren. Auch wir finden das seltsam. Aber es ist nun mal so.
Den Grundriss unserer Sandburg hatte er auf einem kleinen Zettel aufgezeichnet, den er aus der Hosentasche zog. Dann erklärte er mir, wo Fenster, Zinnen, Vorratsräume, Kerker oder Thronsaal errichtet werden sollten – und offenbarte mir mit forschem Blick, dass er das Ganze in einem Umriss haben wolle, der ihm problemlos ermögliche, hin- und herzulaufen oder niederzuknien.
Ein monumentaler Bau. Ein Tageswerk. Ach, ein Wochen- und Knochenjob. Nun muss ich gestehen, dass mir nicht klar ist, auf wen der Drang meines Sohnes zur diffizilen Konstruktion und zum Handwerk zurückgeht.
Ich bin eine handwerkliche Null, mein Bruder ebenso, und mein Vater behauptet zwar stets, mit einem entsprechenden Werkzeug gekonnt Reparaturen erledigen zu können. Komischerweise hatte er nie in seinem Leben die richtigen Schrauben, Dübel oder Zangen zur Hand. Meines Sohnes Geschick auf diesem Gebiet bleibt also ein ewiges Rätsel.
Unsere Sandburg nahm nach dreieinhalb Stunden schweißtreibender Arbeit Gestalt an, und sie fing an, sogar mir zu gefallen. Was ebenfalls anfing: ein leichter Schmerz an meinem Unterarm. Zunächst versuchte ich ihn durch Schütteln der Arme loszuwerden.
Sie kennen das von Fußballern, wenn sie sich vor dem Spiel aufwärmen? „Beine und Arme ausschütteln, Männer", hatte immer mein Trainer befohlen,

„damit ihr keine Zerrung bekommt." An diese Zeiten meiner Jugend musste ich denken, als ich am Strand stand – und schüttelte. Mit Sand an der Badehose, an den Knien, Sand an den Armen (an denen sich bei mir blöderweise überdurchschnittlich viele Haare befinden), Sand an den Handflächen und Sand auf meiner Brust (hier gilt, was den Haarwuchs betrifft, das Gleiche wie bei meinen Armen).
Bald nützte das Schütteln nichts mehr – der Schmerz blieb. Und wurde stärker. Er fraß sich regelrecht fest an meinem Unterarm. Erst in dem rechten, dann auch noch im linken.
Meinen Sohn interessierte das weniger. Er forderte mich auf, weiterzubauen. Er wies mir neue Arbeiten an. Die Ideen in seinem kleinen Kopf schienen nicht auszugehen.
Natürlich gefiel mir die Sandburg, mit all ihrem Schnickschnack und ihren architektonischen Raffinessen. Ich hätte alleine niemals ein solches Bauwerk planen können. Also ließ ich mich weiter antreiben. Das Kopfschütteln meiner Frau und die Warnung, ich sei doch körperliche Arbeit nicht gewohnt und solle dieser Plackerei ein Ende machen, ignorierte ich. Was zählte, waren diese Burg und ihr Bauherr Frederik – mein Sohn.
Am Abend um sieben Uhr war das Werk fertig und ich ein körperliches Wrack. Der rechte Unterarm schmerzte nicht mehr – ich spürte ihn gar nicht mehr. Der Arzt, den ich eineinhalb Stunden später aufsuchte, legte mir eine Ledermanschette an, diagnostizierte den Beginn einer mittelschweren Sehnenscheidenentzündung. Verbunden mit der

Vorhersage, dass ich in dieser Nacht von heftigen Schmerzen attackiert werden würde. Er sollte Recht behalten. Die Schmerzen blieben auch die kommenden Tage und verließen mich und meine Unterarme erst wieder, als wir in Deutschland waren.

Ach ja: Die Sandburg war am nächsten Morgen nicht mehr da. Die Wellen hatten sie in der Nacht überspült und einstürzen lassen.

Dem Fernsehen sei Dank!
(Wie auch ein verregneter Tag zum Genuss wird)

Dem Fernsehen sei Dank. Dort ist die Welt noch in Ordnung. Zumindest an einem Sonntag im letzten Sommer war das so. 20.15 Uhr, Westdeutscher Rundfunk (WDR): „Wunderschönes Allgäu" hieß der Beitrag zur besten Sendezeit, und 90 Minuten zeigte sich die stets sonnige Region mit glücklichen Kühen und zufriedenen Menschen von ihrer besten Seite. Eine heile Allgäuer Welt.
Das war für unsere Familie die Rettung und versöhnliches Ende eines verkorksten Tages. Unsere Gäste ließen sich überreden, unser schönes Allgäu doch noch ins Herz zu schließen.
Was war passiert? Am Freitag klingelte das Telefon: Der Schwager wünschte einen guten Abend, kündigte sich für die nächsten Tage an, bat darum, sich keine Umstände zu machen und legte auf. Was er nicht für nötig befand, eigens zu erwähnen: Seine beiden Kinder (8 und 10 Jahre) würde er selbstverständlich mitnehmen.
Wir beriefen den Familienrat ein und beschlossen – was bleibt auch übrig, wenn man keinen Familienstreit will: Bieten wir dem kurzfristig angekündigten Besuch ein kulturell erstklassiges Wochenende. Das Ostallgäu sollte Ziel sein mit einem Abstecher ins Ludwig-Musical, einem Ausflug in die Wieskirche und der Besichtigung der Schlösser Neuschwanstein und Hohenschwangau.
Das, waren wir sicher, würde die Verwandtschaft beeindrucken und zum Schluss kommen lassen:

Das Allgäu ist ein Kulturschatz.
Sonntagmorgen (regnerisch und trüb): Nach dem Frühstück beschloss der große Familienrat die erste Änderung des Programms. Die Fahrt zur Wieskirche wurde gestrichen. Begründung: Zu unbeständiges Wetter, um die Kirche auch von außen zu bewundern. Gehen wir also gleich ins Musical-Festspielhaus Neuschwanstein.
Der erste Hagelschauer ergriff uns auf der A7. Frontal und ohne Vorwarnung. Wir haben fast den halben Tag im Auto verbracht. Denn ein tragischer Verkehrsunfall auf der B 16 zwang uns vor dem Festspielhaus zur Umleitung auf Wege durch bis dahin nicht gekannte Ortschaften. Als wir das Festspielhaus Neuschwanstein endlich erreichten, hatte die Vorstellung natürlich längst begonnen und König Ludwig dürfte zu diesem Zeitpunkt während der Show schon mit Sissi durchs Meer der zigtausend Rosen gewandelt sein.
Der Musical-Besuch war also gestorben, ebenso eine Schifffahrt auf dem Forggensee. Es begann just in jenem Moment wieder zu kübeln, als wir uns der Schiffsanlegestelle näherten.
Wieder eine Änderung des Programms. Gehen wir lieber gleich zu den Königsschlössern, beschlossen wir. Bei den Führungen, alles hat sein Gutes, würde man schließlich nicht nass. Was zwar stimmte, aber leider nur die halbe Wahrheit war. Das Anstehen für die Tickets dauerte fast dreimal so lange wie die Besichtigung auf Hohenschwangau und fand weitgehend unter freiem Himmel statt. Immerhin: Ich frischte mein Amerikanisch auf und lernte ein paar Brocken Chinesisch, auch nicht schlecht.

Die Stimmung innerhalb unserer Kleingruppe sank dennoch beträchtlich. Irgendwie nachvollziehbar, dass die junge Frau mit ungarischem Akzent bei der Führung durch das Schloss Stunden später Schwierigkeiten hatte, die gesamte Aufmerksamkeit unserer nervenstrapazierten Gäste zu erhalten. Auf der Heimfahrt nach Kempten wurde die Stimmung nicht besser.

Dann, wieder zu Hause, kam doch noch die Rettung dieses Tages. Via Bildschirm. Alle zusammen machten wir es uns nach 20 Uhr im beheizten Wohnzimmer gemütlich beim „Wunderschönen Allgäu" auf WDR. Wir sahen plötzlich lachende Touristen vor Neuschwanstein; wir hörten einen imposant intonierenden Jan Ammann als Musical-König; wir verfolgten staunend einen Sonnenaufgang vor der Wieskirche, und wir durften einen Blick ins Innere dieses Juwels werfen.

Wir alle sind an diesem Abend zufrieden ins Bett gegangen. Und unser dreiköpfiger Besuch hat sich spontan entschlossen, noch ein paar Tage in dieser schönen Gegend dranzuhängen.

Ich wusste im ersten Moment nicht, ob ich mich darüber wirklich freuen sollte …

Fußballbegeisterter Papa leidet
(... und wird am Ende dennoch glücklich)

Ich gestehe: Es hat eine Weile gedauert, bis ich darüber hinweggekommen bin. Bis ich meinem Sohn wieder in die Augen blicken und ihn in den Arm nehmen konnte. Bis wir wieder dicke Freunde geworden sind.

Was das Familienglück in Schräglage gebracht hat? Genau genommen war es jener Samstagnachmittag, als der Vater die Gartenarbeit für beendet erklärt hatte, sich ein Bier mit vorschriftsmäßiger Schaumkrone einschenkte und damit hinaus ging auf die Straße vor dem Haus. Schon eine Weile hatte ich den Jubel von Roy Makaay vernommen, den Schrei eines Lukas Podolski oder das Schimpfen eines Oliver Kahn.

Die Buben der Siedlung beim Kicken.

Als ich mich mit meinem Glas Bier in der Hand dem Fußball-Lärm näherte, tippte ich auf Lukas Podolski. Jawohl, mein Sohnemann würde bestimmt der Torjäger des FC Bayern sein. Es mochten sieben oder acht Buben gewesen sein, die dem runden Leder hinterherjagten. Schwer zu erkennen, auf welcher Position der eigene Nachwuchs dribbelte. Auch beim zweiten Blick, und das machte mich schon leicht stutzig, war ich nicht schlauer.

Erst dann entdeckte ich ihn: Am Spielfeldrand, auf einem Stein sitzend – die Beine übereinander geschwungen, die Hände verschränkt. Frederik lächelte sogar.

Wie? Mein Sohn nur Ersatz? Reservespieler beim

Straßenkick? Ich musste mein Glas abstellen. Mit sieben Jahren hatte ich im Verein angefangen Fußball zu spielen, mit neun war ich Libero, der die gesamte Abwehr organisierte. Mit 13 schließlich hatte ich die Einladung bekommen zum Training in der Schwarzwald-Auswahl. Man muss sich das mal vorstellen: Der Vater in der Schwarzwald-Auswahl (zumindest beim Training war ich dabei) – aber der Sohn wird schon beim Fußballspiel in der Siedlung ausgeschlossen!

„Wollt ihr meinen Frederik auf der Stelle mitspielen lassen", giftete ich in einer Lautstärke in die Runde, die das Spiel abrupt unterbrach.

Dann prasselten mehrere Antworten auf mich ein. Von „Der will doch gar it mitschpiele", über „Der isch doch Schiedsricht'r" bis hin zum endgültigen Keulenschlag für den Vater: „Der isch doch viel z'lätsched."

Auch an dieser Stelle gestehe ich: Meine Welt fing an zu bröckeln. Mein Sohn ein Drückeberger und Weichei?! Der Sohn eines ehemaligen Schwarzwald-Auswahl-Training-Spielers begnügt sich beim Straßenkick in der Siedlung mit der Rolle des Zuschauers? Ich kann mich nicht mehr an alle Details an diesem Nachmittag erinnern. Auf jeden Fall stürzte ich das Bier mit einem Schluck hinunter und war an diesem Tag für meinen Sohn nicht mehr zu sprechen.

Auch am nächsten nicht.

Und Hausarrest habe ich ihm zudem verpasst. Ob ihm das wirklich etwas ausgemacht hat, möchte ich inzwischen bezweifeln.

Natürlich, längst reden und spielen wir wieder miteinander. Mit bunten Legosteinen und seiner Ritterburg von Playmobil und oft auch Theater. Es hätte, sage ich mir dann, auch schlimmer kommen können. Jedenfalls sehe ich Frederik nie mit Puppen hantieren.

Und das mit seinem Fußball-Desinteresse betrachte ich längst unter einem ganz anderen Blickwinkel.

Unsere Doppelhaus-Nachbarn jedenfalls sind gehörig geplättet mit ihrem kleinen Roy Makaay: Jeden Samstag müssen sie stundenlang auf irgendeinem Fußballplatz verbringen (selbst bei Wolkenbrüchen und Hagel gibt es keinen Pardon), regelmäßig Kuchen backen, und jedes Mal steht der gleiche Streit ins Haus, wer nun die mit Morast verdreckten Fußballschuhe des Kleinen zu putzen habe: die Mutter, der Vater oder der Spieler selbst. Sogar die Oma wurde bei solchen Diskussionen schon ins Spiel gebracht.

Seit geraumer Zeit muss Frau Nachbarin sogar am heiligen Sonntag ran und in der Waschküche Trikots sauber machen.

Bekannte von uns – aus dem Süden der Stadt – haben wir schon seit längerem nicht mehr gesehen. „Keine Zeit", stöhnen sie, wenn wir uns mit ihnen mal verabreden und ein Konzert oder Theaterstück besuchen wollen. Der Vater, Trainer einer F-Junioren-Mannschaft, steht tagsüber auf dem Fußballplatz oder er besucht irgendwelche Trainingsseminare.

Am Abend, wenn die Kinder im Bett sind und es Zeit zum Durchschnaufen ist, schmeißt er den Computer an und bleibt stundenlang dem Wohnzimmer fern. Was seine Frau seit Tagen nur noch

wutschnaubend zur Kenntnis nimmt. „Im Internet sucht er nach modernen und erfolgreichen Trainingsmethoden für die Kleinen", erklärt sie, und wie sie das in letzter Zeit mitteilte, ließ in uns den Verdacht aufkommen, dass ihr der ganze Fußballrummel ziemlich auf die Nerven gehe.
Ich glaube, nein, ich bin mir sicher: Bei unseren fußballbegeisterten Bekannten aus dem Süden hängt der Haussegen schief. Zumal die von ihm betreute Mannschaft weiter von Niederlage zu Niederlage eilt.

P.S.: Frederik hat unlängst zum ersten Mal in einem Theaterstück die Hauptrolle gespielt. Ihm ist kein Fehler unterlaufen und das Publikum hat kräftig geklatscht. Wir sind richtig stolz auf ihn.

Man(n) bereitet sich auf Pippi vor
(... und plötzlich fallen ihm die Augen zu)

Die Antwort ließ keinen Spielraum. „Willst du mit dem Kleinen zur Theatervorstellung ‚Pippi Langstrumpf' gehen?", fragte mich meine Frau und fügte hinzu, dass sie an diesem Nachmittag schon einen Friseurtermin ausgemacht habe. Ich verstand und sagte zu.

Ein Ratschlag unter Vätern: Natürlich muss der Papa in solchen Momenten wollen. Schließlich setzt er sich wochentags nach dem Frühstück in Richtung Büro ab und taucht erst wieder auf, wenn die Kinder im Bett liegen. Oder, bestenfalls, wenn sie im Schlafanzug im Badezimmer stehen und die Zähne putzen.

Was ihm im Moment der Zusage freilich nicht klar war: Der Besuch des Kindermusicals „Pippi im Taka-Tuka-Land" fing für mich schon zwei Tage vor der Aufführung an. Mit einem Pippi-Intensiv-Vorbereitungsprogramm.

Das bedeutet: Dem Kleinen vier Pippi-Bücher vorlesen; zwei Stücke einstudieren mit Pippi-Handpuppen-Figuren; stundenlange Suche nach einer Pippi-Perücke, die sich unser Sohn vor zwei Jahren zum Fasching aussuchen durfte und die nun unauffindbar war; regelmäßiges Abspielen von Pippi-CDs und die Aufforderung des grimmigen Buben, nicht nur laut, sondern gefälligst auch tongenau mitzusingen.

Dann war es so weit.

Ein Samstagnachmittag. Als ich mit Frederik die

Eingangstüren der großen Veranstaltungshalle passierte, musste ich ein erstes Mal stutzen. Ich war nicht alleine. Hunderten von Vätern (er)ging es nicht anders als mir.

Die kleinen und großen Pippi-Freunde drängten ins Innere, suchten aufgeregt ihre Plätze und wollten vom erwachsenen Begleiter im Sekundentakt wissen, wann es denn endlich losgehe; wo die Flasche mit dem Trinken sei; ob die Mama auch genügend Süßes mit eingepackt habe und überhaupt: „Wann öffnet sich endlich der Vorhang, Papa?!?!"

Pippi kam auf die Bühne und musste nicht allzu viele Streiche spielen, da schlug die Stunde des Vaters: seine Augen fielen zu. Was ich, logischerweise, nicht sehen konnte, mir aber von anderer Seite glaubhaft versichert wurde: Ich war nicht alleine mit meiner Müdigkeit. Auch andere Papas mussten der intensiven Vorbereitung auf dieses Musical Tribut zollen.

Merke: Vater werden ist nicht schwer. Vater sein dagegen sehr!

Armer Papa hört nix mehr
(Nicht immer setzt man sich wirklich durch)

Seit kurzer Zeit hat in unserer Familie jener Lebensabschnitt begonnen, in dem die Dialoge zwischen Mutter und Sohn, aber auch zwischen Vater und Sohn nicht schon nach zwei oder drei Sätzen enden. Vor allem nicht mit einem Machtwort des Papas.

Samstagnachmittag am Niedersonthofener See, kurz vor jenem kleinen Ort, der diesem wunderschönen Badesee seinen Namen gibt: Papa und Mama haben die Badetücher ausgebreitet, alle Schuhe in eine Reihe gestellt, Sonnenöl, Trinkflaschen, aufblasbare Wassertiere und was man sonst alles braucht aus Taschen und Rucksäcken gekramt und sich zum Schluss den Schweiß von der Stirn gewischt.
Unser Sohn spielt seit dem Eintreffen auf der Liegewiese mit einem bräunlichen Käfer, der den Grashalm hochklettert und immer wenn er an der Spitze angelangt ist, abstürzt. Unser Frederik hilft ihm dann wieder auf die Beine – und los geht es von neuem. Ein drolliges Bild. Geholfen beim Auspacken der Badesachen hat uns Frederik nicht.
„Papa, i mecht jetzt ins Wasser!"
„Hast du denn schon deine Badesachen ausgeräumt?"
„Na, des macht doch d' Mama."
„Ja genau, weil du nämlich nur faul herumstehst."
„I komm ja it an mei Däsche!"
Natürlich beiße ich auf die Zähne, verkneife mir

weitere Worte, weil ich nicht schon bei der Ankunft am Nieso einen Streit riskieren will.
„Also Papa. Heit tauch mer."
„Was machen wir???"
„Na, tauchen. Oder trausch di it, d' Kopf unters Wass'r zum taucha?"
„He, nicht frech werden, Kleiner."
„Soll des jetzt a rechte Antwort g'wea sei?"

Wie gesagt, unsere Dialoge können sich in die Länge ziehen und sind nicht unanstrengend – zumindest nicht für mich.
„Od'r hosch Angscht, dass verliersch?"
„Wieso denn verlieren?"
„Weil mir um d' Wette tauched. Wer am längschta dunda bleibt."
„Ich wollte eigentlich zuerst ein Buch lesen."
„Aha, weil sonscht Wass'r in deine Ohre kommt."
„Was? Wer sagt das?"
„D' Mama." (Kicher, kicher.)

Oft, das hatte ich vergessen zu erwähnen, ist es so, dass ich mich in den Dialogen mit meinem Sohn nicht nur gegen ihn, sondern auch gegen meine Frau durchsetzen muss.
„So einen Unfug sagt doch die Mama nicht", entgegne ich empört und nicke meiner Frau augenzwinkernd zu. Die ignoriert meinen Versuch einer Verbrüderung und setzt stattdessen zum Konterspiel an: „Du jammerst doch wirklich immer, dass so leicht Wasser in deine Ohren kommt."
„Und wenn das so wäre: Musst du das dem Kleinen dann gleich auf die Nase binden?"

Ich schaue beleidigt drein – was allerdings keinen sonderlich beeindruckt.

Mein Sohn lässt nicht locker: „Du hosch halt doch Angscht um deine Ohre. Auf geht's, Papa!"

Mein Sohn ist sieben und ich gut über 40. Sagen Sie: Muss man sich so etwas bieten lassen?

Ich sage: Neeeeiiiiin!!!

Und so schlüpfe ich in meine Badehose, schnappe meinen Sohn an der Hand und fordere ihn auf: „Also komm – ich denke, du willst mit mir um die Wette tauchen."

„Na endlich. Warum denn it glei'?"

Der siebenjährige Frederik schmunzelt.

Wir schwimmen ein paar Meter (ich muss gestehen, dass ich ein schlechter Schwimmer bin), tauchen ein paar Meter (mein Sohn bleibt bei jedem Tauchversuch deutlich länger unter Wasser als ich), und als wir wieder unserem Liegeplatz auf der Wiese zusteuern, springe ich, bevor ich mich auf das Badetuch lege, wie Rumpelstilzchen auf einem Bein, während ich mir mit zwei Fingern ein Ohrläppchen nach unten ziehe.

Sie ahnen es? Na ja, was soll ich sagen: Mein Vater hatte dieses Problem der wasserverstopften Ohren. Mein Opa auch. Und obwohl in dieser Angelegenheit noch keiner meiner Verwandten eine wissenschaftlich fundierte Ahnenforschung betrieb, bin ich mir sicher, dass dieser kurzfristige Hörverlust nach dem Badengehen viele im Stammbaum unserer Familie befallen hat. Ich also auch, ein Weichei.

Mutter und Sohn schauen sich bei meinem einseitigen Herumgehopse viel sagend an, lächeln

einen Augenblick und lassen mich mit der Ankündigung zurück, sie hätten jetzt Lust auf ein schönes, großes Eis.

Um mein Problem eines wasserverstopften Ohrs, auf dem ich die kommenden drei Tage so gut wie nichts mehr hören werde, wollen sich Mutter und Sohn an diesem sonnigen Wochenendtag nicht kümmern.

Vielleicht, denke ich mir, blickt ja gerade einer meiner Ahnen mitleidsvoll von oben herab auf die Liegewiese am Niedersonthofener See und fühlt mit mir und meiner (kurzfristigen) Taubheit.

Auch Männer können kochen
(Die Frage lautet nur: wie?)

Manchmal, jedenfalls ist das bei uns Zuhause so, befällt den Herrn des Hauses das fürsorgliche Gefühl, kochen zu müssen. Für die gesamte Familie, natürlich.
Mann entscheidet sich diesmal für ein feines Spargel-Gericht. Das ist gesund, und schließlich werden diese weißen, fingerdicken Dinger während der Spargelsaison an jeder Straßenecke angeboten. Sogar kleine Holzbuden stellen sie extra auf, am Straßenrand, auf einer grünen Wiese oder mitten auf einem Parkplatz, um die schlanken Stängel feilzubieten.
Also ein Gericht mit Spargel. Keiner aus Griechenland, nein, sondern einer aus dem eigenen Land. Noch besser: aus der eigenen Region. Zumindest von jenem Landstrich, der ans Allgäu angrenzt.
Spargel aus Schrobenhausen, 500 Gramm.
Der ist zwar nicht so billig wie die Stangen aus Griechenland. Aber Mann kocht schließlich nicht alle Tage. Geld, Regel Nummer eins, wenn der Chef am Herd steht, darf keine Rolle spielen. Das ist für mich ein Festtag, und an dem schufte ich gerne mal ein paar Stunden in jener Küche, in der ich vor allem mit dem Kühlschrank vertraut bin. Am Abend, wenn der Feierabend lockt und der trockene Hals nach Abkühlung lechzt, öffne ich die Tür (oder öffnet sie sich gar von selbst?), um ihm eine gekühlte Bierflasche zu entnehmen. Zur Klarstellung: Ich rede nicht mit meinem Kühlschrank

wie andere Kolumnisten. Unser Kühlschrank heißt auch nicht Bosch. Aber er kühlt Bierflaschen.
Sprechen wir wieder vom Spargel-Gericht und kürzen die Geschichte ab.
Die Soße Hollandaise schmeckte gut bis vorzüglich. Ebenso wie die gekochten Kartoffeln.
Der Spargel, da bin ich mir ganz sicher, hätte bestimmt prima dazu gepasst. Aber es gab leider so gut wie keinen. Irgendwie glitt er bei der Zube-

reitung dem immer nervöser werdenden Aushilfskoch durch die Hände. Mit einem Messer, nicht zu stumpf, war ich den Spargelstangen beim Schälen zu Leibe gerückt. Ich habe mich bemüht, wirklich. Nach bestem Wissen und Gewissen – und wunderte mich am Ende, wie schnell diese Dinger an Dicke und Länge verlieren, um sich schließlich in ein Nichts aufzulösen.

Ich war bedient. Stundenlanges Schälen ohne wirklichen Ertrag. Das ist wie ein Fußball-Finale, das man in der Verlängerung verliert. Oder nach dem Elfmeterschießen.

Die Spargelsaison war für mich beendet. Das Kochen auch, jedenfalls für die nächsten zwei Wochen. Den Hinweis meiner lieben Frau und meines siebengescheiten Sohnes, für solche Fälle der väterlichen Arbeit läge ein super praktischer Spargelschäler in der Küchen-Schublade bereit, nahm ich mit verbissener Miene entgegen. Die Bemerkung, dass das Schälen mit solch einem Ding kinderleicht wäre, und dass man damit die äußere Haut des Spargels so entferne, dass wirklich viel vom eigentlichen Spargel übrig bleibe, empfand ich als lästig und überflüssig. Ihren Lobgesang auf die Soße und die Kartoffeln habe ich nicht mehr wahrgenommen.

Meiner Entscheidung von damals, die Spargelsaison lebenslänglich für beendet zu erklären, bin ich bis heute treu geblieben. Und das ist gut so.

Rubi ruft und das Kind springt
(Eine Ski-WM wird zur Gefahr für die Familie)

Waren Sie 2005 in Oberstdorf, nordische Ski-WM schauen? Nein? Schade.
Haben Sie Kinder so um die sechs oder sieben Jahre? Nein? Nochmals schade. Sie ahnen nicht, was Ihnen alles entgeht – zum Beispiel diese Geschichte.
Blicken wir zurück auf diese fantastische nordische Ski-Weltmeisterschaft im Süden des Allgäus.
Februar im Jahre 2005: Seit die komplette Familie an diesem Wochenende Weltmeisterschaft-Luft in Deutschlands südlichster Gemeinde geschnuppert hat, gibt es nur noch ein einziges Thema bei uns zu Hause: Ski nordisch.
Wie das aussieht? In fast allen Zimmern unserer Wohnung sind Stühle exakt nebeneinander aufgereiht. Vor ihnen liegen Decken oder rote, weiche Iso-Matten.
Von Zeit zu Zeit ertönt laut ein Gong. Dann kraxelt der Kleine, unlängst sechs geworden, die Stühle hinauf, stülpt sich die Skibrille mit dem dehnbaren Gummiband über den Kopf bis zu den Augen, führt sie zwei-, dreimal wenige Zentimeter nach vorn („Weißt du, Papa, das ist wegen dem Beschlagen" – wie gesagt, er ist erst sechs) und springt in seiner eng anliegenden Jogginghose tollkühn in die Tiefe – auf Matte oder Decke.
Und meistens jubelt er hinterher mit den Worten: „Super Teleschtar-Landung, hundert Punkte für d' Unsere auf dr große Schanz z' Oberschdorf."
Dann muss die Mama kommen, gratulieren und

ihm einen Schokoladen-Goldtaler umhängen, der an einem rotweißen, langen Band baumelt. Die obligatorische Siegerehrung nach dem Skispringen.

„So wie im Nordic-Park z'Oberschdorf", schwärmt dann der kleine Allgäuer Bub und bekommt ganz große, runde Augen. Bei diesen Worten strahlt er über sein kleines Gesicht mit unzähligen Sommersprossen auf Nase und beiden Backen.

So geht das bei uns zu Hause schon seit Tagen, und die blauen Flecken an seinen Knien und Ellbogen nehmen von Wettkampf zu Wettkampf zu. Ihm macht das nichts, dieses erste Hineintauchen in die Leistungsgesellschaft.

Am späten Nachmittag läuft der Kleine regelmäßig zur Hochform auf. Zeit für den Ski-Langlauf – zumindest für ihn. In zwei erst vor kurzem gekauften Socken des Vaters stecken jeweils Holzklötze; das Kind schlüpft in diese Socken, so dass es auf diesen Holzklötzen zum Stehen kommt und schlittert anschließend, von unbändigem Ehrgeiz getrieben (ganz Alpenmensch!), über das bis zu diesem Zeitpunkt noch schön glänzende Parkett unseres Wohnzimmers. Dabei schreit er unentwegt und in brachialer Lautstärke „Hopp, hopp, hopp" oder „Heja Norge".

Die Bitte seiner Mutter, nicht ganz so wild zu sein und an die wenig skibegeisterten Nachbarn zu denken, beantwortet er verständnislos mit dem Satz: „Ab'r Trainer, i versuach doch bloß mei Bescht's."

Das Kind ist uns aus den Händen geglitten – erziehungstechnisch. Der Bub fiebert plötzlich nicht mehr dem Sandmännchen im Kinderkanal entgegen, sondern der Berichterstattung über die

Ski-Weltmeisterschaft in seiner Heimat. So richtig interessant für ihn wird es, wenn ab 19 Uhr Bayerns stets lächelnder Sportmoderator Gerd Rubenbauer im Bayerischen Fernsehen auf Sendung geht.

„Rubi luega", hören wir ihn dann rufen. Unser Bub spielt nicht mehr mit den Legos. Auch nicht mit seiner sonst so geliebten Brio-Eisenbahn. Er liebt Rubi, das reicht ihm. Jeden Abend ist er aufs Neue gespannt, wen Gerd Rubenbauer heute wieder duzt und bekommt einen roten Kopf vor Aufregung, wenn die Athleten feierlich und maßvollen Schrittes zur Siegerehrung im Oberstdorfer Nordic-Park schreiten.

Das Kind ist uns erziehungstechnisch aus den Händen geglitten.

Gestern Nacht hat er sich mal wieder gemeldet, weil er Durst hatte, und im Halbschlaf rief er: „Will was trinke, Rubi."

Uns plagt die Angst, dass wir ihm das Glas Wasser mitten in der Nacht bald mit den Skiern an den Füßen servieren müssen. Oder dass er beim Langlauf am Nachmittag auf dem nicht mehr so schön glänzenden Wohnzimmer-Parkett auch noch zwei Skistöcke benutzt.

Und was, habe ich dieser Tage voller Entsetzen meine Frau gefragt, wenn er morgen vom Balkon springen will, weil ihm der Anlauf vom Stuhl aus zu kurz ist?

Es rackert der Nussknacker
(... und der Papa verdreckt das Wohnzimmer)

Das muss man sich mal vorstellen. Bei uns zu Hause hängt der Haussegen schief – wegen eines kleinen Dings von nur 17 Zentimetern Länge in zusammengeklapptem Zustand.
??????
Wir besitzen noch einen jener uralten Nussknacker, die lediglich aus zwei silbernen Stangen bestehen. An einem Ende sind sie zusammengeschraubt. Die anderen beiden Seiten muss man kräftig gegeneinander drücken, dann knackt man die Nuss – oder sie zersplittert in tausend Teile.
Kennen Sie das?
Die Nussteile liegen danach auf dem Fußboden und unter der Couch. Oder auf derselben, sehr gerne auch in jenen Ritzen, wo Rückenlehne und Sitzfläche zusammenstoßen. Nur wenige Nussteile rettet man nach dem lauten „Krrrrr" in den Handflächen.
Ich habe mal eine wirklich gute Ausbeute gehabt. Sofort stürzte sich meine Familie darauf und aß mir aus der Hand (solch einen Tag sollte man sich als Familienoberhaupt rot anstreichen im Kalender!). Beide, Sohn und Frau, mussten am nächsten Tag allerdings zum Zahnarzt, neue Plomben einsetzen lassen.
Meinen Einwurf, dass man sich bei so einem Oldtimer von Nussknacker eben nie ganz sicher sein könne, ob nicht nach dem Knacken doch noch ein Stück Schale zwischen die Nussteile gekommen

sei, konterte die Ehefrau mit einem einzigen Wort: „Rache!"
Das reicht, und schon jetzt befällt mich die Angst, der Winter könnte bald vorüber sein und der Sommer nahen. Zu dieser Jahreszeit gibt's bei uns immer selbst gebackenen Kirschkuchen – mit ganzen Früchten …

Der Allgäuer geht nicht unter
(Schon gar nicht beim Bingo-Spielen)

Ich weiß nicht mehr genau, wer die Idee zu diesem Urlaub hatte, meine Frau Brigitte oder ich, aber was ich weiß: Es wird der letzte Urlaub in einem Club gewesen sein für die nächsten 15 Jahre. Beim Rückflug von Mahon auf Menorca nach Stuttgart mussten wir drei Gepäckstücke mehr aufgeben als beim Hinflug – und nicht wenige Euro an Übergewicht (also was das Gepäck betrifft) hinzuzahlen.
Das kam so: Es war Abend Numero zwo in unserem netten Urlaubsdomizil, wo die Menschen bunte Bänder ums Handgelenk trugen und immer irgendetwas in den Fingern hielten – ein Eis, einen Cocktail, ein Glas mit Bier, einen Lutscher, Kekse ... – als wir uns nach dem Abendessen noch ein bisschen die Beine vertreten wollten. Am Ende unseres Spaziergangs kamen wir an der Bar vorbei. Aus der dröhnte laute Musik. Eigentlich waren wir hundemüde, warfen aber dennoch einen kurzen Blick in die Bar.
Was soll ich sagen: Nach zweieinhalb Stunden haben wir sie wieder verlassen – voll bepackt mit drei T-Shirts (in Größen, die weder meiner Frau, noch mir oder meinem Sohn passen), drei Schirmmützen (in Farben, die wir verabscheuen) und drei Umhängetaschen (in Formen, die meine Frau als unhandlich bezeichnete). Unser Sohn hat sich dennoch gefreut. Und stolz war er. Die Club-Familie krönte ihn zum Bingo-König und grüßte ihn die folgenden Tage überall, wo er auftauchte. Wir waren bekannt.

Immerhin: Wir hatten nie zuvor Bingo gespielt, kannten weder Spielregeln noch Tricks, und überhaupt waren wir rein zufällig und eher missgelaunt in dieses Spiel gegangen. Man hatte uns überrumpelt, Karten mit Nummern in die Hand gedrückt und uns mit dem Hinweis gelockt, die Teilnahme sei kostenlos. Das zieht immer im Club-Urlaub.

Am Anfang mussten wir nur Bingo rufen, danach kollektiv auf Stühle und Tische steigen, ehe Frederik und ich auf die Bühne gezerrt wurden – zum Siegertanz. So etwas ist mir peinlich. Mein Sohn hingegen genoss das Scheinwerferlicht. Ihn hatte das Club-Fieber befallen. Jener Virus, der, wenn er die Menschen befällt, hemmungslos macht, spielsüchtig und albern.

Unser Sohn hat die kommenden Tage darauf bestanden, nach dem Abendessen in die Bar zu gehen. Animations-Programm, zehn Tage am Stück. Meine Frau und ich mussten Pappnasen anlegen, rothaarige Perücken aufsetzen, Sangria aus meterlangen Strohhalmen trinken, Hühner oder Esel imitieren – und 12 T-Shirts, 8 Schirmmützen, 3 Sporttaschen, 7 Feuerzeuge, 2 Handtücher, 28 Notizblöcke und ebenso viele Kugelschreiber sowie 3 Kuscheltiere und 4 Badelatschen zusätzlich nach Hause transportieren.

Unser Bingo-König schwärmt noch heute von Menorca – ich nicht.

Rolf kommt, singt und siegt
(Sänger macht Kind froh – aber nicht den Vater)

Ich bin skeptisch. Genau genommen sogar verstimmt bis sauer. Denn diesen Samstag hatte ich mir anders vorgestellt. Die Sportschau wollte ich seit langem wieder einmal anschauen. Jene Sendung, die zu Zeiten eines Ernst Huberty Kult und ohne familiäre Widerrede für den Mann des Hauses reserviert gewesen war. Gute, alte Zeiten.
Jetzt, um viertel nach sechs Uhr am frühen Abend, sitze ich nicht vor der Glotze im Wohnzimmer, sondern hier in dieser Veranstaltungshalle.
Kinderlieder statt Bundesliga-Fußball.
Rolf Zuckowski statt Ernst Huberty.
Neben mir rutscht mein Sohn aufgeregt auf seinem Sitz hin und her, woran ich mich nie gewöhnen kann und stets aufs Neue nervös werde. Erwartungsfroh ist er, wie all die anderen Kinder hier im Saal. Über 2500 Kinder, Eltern, Opas und Omas mögen es sein. Eine stolze Zahl. Schließlich wird in wenigen Minuten nur ein Mann auf der Bühne stehen und den Kindern und Erwachsenen ein Wunschkonzert bieten. Man stelle sich vor: einer lockt 2500 Besucher. Beachtlich, denke ich mir und muss zugeben, dass ein klitzekleiner Neid in mir aufsteigt. Ich sage mir, dass schließlich auch ich in der Lage bin, ein Instrument zu bedienen. Dass mir aber nicht mal meine eigene Familie konzentriert zuhören will, wenn ich am Klavier sitze.
Das Leben kann grausam sein.
Ich schlucke meinen Kummer hinunter und nehme

zur Kenntnis, dass ich nicht Rolf Zuckowski heiße. Der wird uns allen gleich zeigen, weshalb ihn die Kinder lieben. Und manche Erwachsene.

Der Sohnemann ist gespannt, auch deshalb, weil er Minuten zuvor im Foyer der Halle großen Mut bewiesen hat. Er kritzelte seinen Namen auf eine der Wunschkonzert-Karten und erklärte sich per Kreuz bereit, zum Künstler auf die Bühne zu kommen, um mit ihm zu singen.

Dieser Rolf Zuckowski ist ein Fuchs. Er komponiert nicht nur kindgerechte Lieder, sondern fängt die Kinder wie weiland der Rattenfänger zu Hameln. Er nimmt ihnen die Scheu vor der Bühne und vor dem gleißenden Scheinwerferlicht. Ein Musiker mit pädagogischen Fähigkeiten. Aha, nur deshalb ist er erfolgreicher als ich, sage ich mir, und bin ein bisschen weniger neidisch auf ihn.

Und tatsächlich: Zahlreiche Buben und Mädchen erklären sich bereit, in dieser großen Halle auf die Bühne zu steigen.

Nach einer halben Stunde habe auch ich mich von der kollektiv guten Laune anstecken lassen. Klatsche mit, singe mit, nur als die Kinder von ihren Stühlen springen und auf Geheiß von König Rolf beim Lied der Vogelhochzeit die Arme zur Seite strecken und einen Adler oder etwas Ähnliches imitieren, bleibe ich stur sitzen. Aber ich lächele milde meinem begeisterten Sohn zu.

Einmal noch an diesem frühen Abend bilden sich auf meiner Stirn die Schweißtropfen und Bauch und Finger verkrampfen sich. Macht dieser Rolf Zuckowski doch den Vorschlag, nicht nur die mitsingwilligen Kinder auf die Bühne zu rufen, sondern auch deren Väter. Vorbei ist es plötzlich mit meiner Souveränität des Alters, vergessen der Mut machende Spruch vom „auf die Bühne zu gehen, ist doch gar nicht so schwer, sei kein Frosch", den ich zuvor so jovial dem Sohn mit auf den Weg gegeben hatte.

Ich fühle mich bedroht. So wie früher, zu Schulzeiten. Damals zwang man mich zum Schwimmunterricht. Ich mag es einfach nicht, meinen Körper mühevoll über Wasser zu halten und mit Armen und Beinen zu rudern wie ein Frosch, während mir pausenlos das Wasser in Ohr oder Nase tröpfelt. Das Atmen im Wasser fällt mir obendrein schwer. Immer dann, wenn ich den Mund öffne, um Frischluft herein zu lassen, ist das Wasser schneller. Und ich huste. Und keuche. Und verfluche alle jene, die da beschwören: „Ach, ich könnte stundenlang im Wasser treiben!" Meine Frau zum Beispiel schwimmt wie ein Fisch und stundenlang. Weiß der Teufel, wie sie das macht, dass Arme und Beine nicht müde werden und sie das Luftholen problemlos auf die Reihe bekommt. Sind wir im Urlaub am Meer, ist sie die erste unserer Familie, die ins Wasser geht, und nach wenigen Minuten kann ich sie nicht mehr erkennen. Oder gerade mal als Nadelkopf. Ich weiß nicht, wie es da draußen auf dem Meer aussieht. Ich will es auch nicht wissen.

Ich will auch nicht auf diese Bühne steigen dort vorne und mit Herrn Zuckowski um die Wette singen. Dass wir uns nicht falsch verstehen: Natürlich gehe ich davon aus, dass ich diese Wette gewinnen würde. So viel Selbstvertrauen muss sein. Ich will aber nicht. Ich bin an diesem Tag für so einen öffentlichen Auftritt nicht vorbereitet, mental. Die Sache geht zum Glück gut aus. Der Künstler bittet, nachdem bei entsprechender Aufforderung die Papas und Mamas im Saal plötzlich ganz wichtig in ihren Taschen oder Rucksäcken kramen und mit ihren Köpfen darin beinahe versinken, doch nur die Kleinen nach vorne. „Komm, spring", fordere ich meinen Sohn erleichtert auf, „wirst dich ja wohl trauen, oder?" Mein Sohn traut sich und intoniert beinahe fehlerlos mit sieben anderen Kindern die Weihnachtsbäckerei.

Nach dieser Zuckowschken Bedrohung mit der Folge einer erhöhten Schweißbildung, sehne ich mich mehr denn je an diesem frühen Abend nach meiner Sportschau.

Wissen ist Macht
(Wenn Kinderfragen zu kompliziert werden)

Zu Hause auf dem Küchentisch ist der Zug-Fahrplan mit den Abfahrtszeiten von Kempten nach Oberstdorf liegen geblieben. Das Vorhaben, nach dem Frühstück und vor der Abfahrt nach Oberstdorf einen Blick in die Zeitung zu werfen, um die Berichte zu den anstehenden Wettkämpfen der Nordischen Ski-Weltmeisterschaft zu studieren, machte ein zu spätes Aufstehen zunichte.

Wir hetzen also an diesem Vormittag im Februar des Jahres 2005 schlecht vorbereitet zum Kemptener Hautbahnhof.

Die Nordische Ski-Weltmeisterschaft ist unser Ziel, und auf der Fahrt ins südliche Oberallgäu plagen uns vor allem diese Gedanken: Wird alles glatt gehen vor Ort? Werden wir die Wettkampfstätten problemlos finden? Was bedeutet Doppel-Verfolgung im Langlauf? Was Mannschaftsspringen?

Wir sind schlecht vorbereitet.

Was wir zu diesem Zeitpunkt noch nicht wissen: Eine nordische Ski-WM ist auch eine Weltmeisterschaft der Zuschauer-Experten.

Frage eins meines Sohnes Frederik während der knapp einstündigen Zugfahrt, wann wir wieder zurückfahren nach den Wettkämpfen, beantwortet eine Frau auf dem Platz gegenüber mit dem Herumwedeln eines Fahrplans.

„Habe ich übrig. Kann ich Ihnen schenken, wenn Sie wollen", sagt sie, und vermutlich hatte sie mein ratloses Achselzucken bemerkt.

Um die Antwort auf eine weitere Frage meines neugierigen Buben, wie man denn bitteschön vom Bahnhof zum Langlauf-Stadion komme, und ob man den ganzen Weg womöglich zu Fuß zurücklegen müsse (darauf könne er nämlich getrost verzichten, lässt er mich vorsorglich in strengem Ton wissen), reißt sich ein älterer Fahrgast. Aus der Tiefe des Raumes scheint er das Gespräch belauscht zu haben und tippt uns auf die Schulter: „Gleich rechts neben dem Bahnsteig fahren die Shuttle-Busse ab. Mit dem kleinen Kind würde ich wirklich nicht laufen. Nehmen Sie lieber den Bus."
Aha, soso.
Später, als der Shuttle-Bus am Stadion ankommt und die Fahrgäste einen nach dem anderen ausspuckt, naht die Stunde neuer Experten. Auf dem Fußmarsch zum Eingang des Langlauf-Stadions bohrt mein Sohn weiter. Wer denn heute bei diesem Rennen Favorit sei, will er wissen.
„Komm Papa, sag, du warsch doch früher Schportreporter!"
Ob die deutschen Läuferinnen auch Chancen auf den Sieg hätten.
„Papa sag. Des wirsch du doch wohl wisse!"
Und wer bei diesem Wettkampf eigentlich wen verfolge. „Komm, jetzt sag hald, Papa!"
Nun ja, bekommt Klein-Frederik von seinem Vater zu hören, im Sport sei das alles nicht so leicht vorauszusehen. Gewinnen könne schließlich jeder, und schon oft sei es vorgekommen, dass der vermeintliche Favorit arg enttäuscht und der Unbekannte, der so genannte Nobody, letztlich gewonnen hätte.
„Björgen, Neumannova, Paruzzi."

Diese drei Namen treffen uns plötzlich, kaum dass ich meinen Monolog beendet habe, wie scharfe Geschosse; abgefeuert aus dem Mund eines Mannes rechts neben uns. Er trägt einen Schal in schwarz-rot-gold und hinten im Rucksack ein Fähnlein mit den gleichen Farben. „Vielleicht hält die Künzel mit, vielleicht die Bauer."
Aha, soso.
Mein Sohn staunt und ich fühle mich leicht bis mittelstark belästigt von diesem Neunmalklugen. Klein-Frederik gibt immer noch keine Ruhe: „Wie lang fahret die Skifahrer heit?" Der Bub scheint an diesem Tag besonders wissbegierig zu sein. Erneut mischt sich ein Nachbar ein. Diesmal einer von links, und er spricht gebrochen deutsch: „Das nicht seien Skifahrer, Junge, nennt man Langläufer. De Marit brauche nit langer als 40 Minute für de Strecke."
Aha, soso.
Später recherchieren wir, dass die Marit mit Nachnamen Björgen heißt und aus dem Skilanglauf-Paradies Norwegen kommt. Ebenso wie der nette Herr von nebenan. Was unschwer zu erkennen ist. Wikinger-Helm auf dem Kopf, Norge-Schal um den Hals gewickelt, eine Kuhglocke in der Hand. Und im Kopf scheinbar sämtliche Namen der Teilnehmer und die dazugehörigen Bestzeiten gespeichert. Beeindruckend, das muss ich zugeben.
Stunden später im Langlauf-Stadion zu Oberstdorf überbietet sogar ein anderer Zuschauer diese norwegische Bravour-Leistung. Er informiert uns, unaufgefordert, über den jüngsten Stand im Weltcup. Ja, er gerät ins Philosophieren. Und er gibt zu

bedenken, dass ein Weltmeisterschafts-Titel ja nur der Verdienst für eine überragende Leistung sei. Der Weltcup-Sieg allerdings die Auszeichnung für viele tolle Wettkämpfe. Dann betet er die Weltcup-Rangliste hoch und runter und versichert, dass es nichts Spannenderes gebe als diesen Weltcup.

Dieser schwäbische Landsmann überzeugt zwar meinen Sohn und – zugegeben – auch mich mit einem imposanten theoretischen Wissen. In erster Linie allerdings verunsichert er mich und wirft vor allem die alles entscheidende Frage auf: Sind wir womöglich auf der falschen Veranstaltung? Hätten wir nicht besser einen Abstecher zum Weltcup machen sollen.

Eines jedenfalls weiß ich nun genau: So schlecht vorbereitet fahre ich kein zweites Mal mehr mit meinem Sohn nach Oberstdorf zur Weltmeisterschaft der Experten.

Oh, mein Rücken schmerzt!
(Eine Familie landet auf dem Abstellgleis)

Die Frage, die ich mir stelle: Ist die Deutsche Bahn haftbar zu machen beim ultimativen Familienstreit, der womöglich beim Scheidungsanwalt endet? Ist sie regresspflichtig, wenn nach einer Zugfahrt die nicht gerade billige Urlaubs-Erholung im Eimer ist? Bei uns hing der Haussegen ordentlich schief und daran ist, so behaupte ich, die Bahn schuld. Das kam so: Wir landeten nachts am Flughafen Stuttgart, Ankunft aus Menorca. Zu dieser Zeit bot die Bahn keine Verbindung mehr ins Allgäu an. Schade, aber akzeptiert.
Wir übernachteten bei der Schwester meiner Frau. Am nächsten Tag wurden wir (Frau, Mann, Kind und acht Gepäckstücke) an den Stuttgarter Bahnhof gebracht. Eine Direktverbindung nach Kempten gibt es nur am Nachmittag. Das war zu spät für uns. Also mussten wir eine Verbindung nehmen mit Umsteigen in Ulm. Auch das haben wir akzeptiert.
Stuttgart-Hauptbahnhof: Als unsere acht Gepäckstücke endlich verstaut und der schweißgebadete Vater wieder trockengelegt waren, begann die Bahnfahrt. Stuttgart nach Ulm in knapp einer Stunde.
Ähnlich schnell sollte es von Ulm nach Kempten weitergehen. Es wurden weit über zwei Stunden, denn in Memmingen war Schluss. Mit einer bequemen Bahnfahrt und Schluss mit lustig. Unsere Reise endete quasi auf dem Abstellgleis. Die zuvor so gut erholte Familie geriet sich in die Haare.

„In Memmingen", verriet uns der Zugbegleiter, „müssen Sie aussteigen. Wegen vorübergehender Gleisarbeiten geht es dann weiter mit dem Bus."
Kein Problem, beruhigte er, als er unsere großen Augen sah, auf dem Bahnhofsvorplatz stünden Busse bereit. Auf dem Bahnhofsvorplatz stand nichts bereit. Kein Bus nach Kempten, kein Getränk für die verärgerten Fahrgäste. Der Busfahrer hatte sich offenbar zwei Minuten vor unserer Ankunft aus dem Staub gemacht.
Natürlich richtete sich mein Ärger zunächst gegen ihn, den Busfahrer, der mit seinem Gefährt erst wieder nach einer Dreiviertelstunde auftauchen

sollte. Dann verfluchte ich allerdings auch die Besitzer der acht Gepäckstücke, die ich vom Bahnsteig an die Bushaltestelle zerren musste (zum besseren Verständnis meiner immer größer werdenden Erregung: ich gehöre zu den Bandscheibengeschädigten dieser Welt – kleiner Vorfall im Halswirbelbereich, kleiner in der Lendengegend). Was ich noch betonen muss: Mir gehörte von den acht Gepäckstücken nur eine mittelgroße Reisetasche.

Um es auf den Punkt zu bringen: Mein Rücken schmerzte, die Sonne brannte, das Kind verdurstete, der Vater brüllte und wollte wissen, weshalb man eigentlich auf eine Urlaubsreise den halben Hausstand mitnehmen müsse. Die Stimmung war im tiefen Keller, das Mutter-Vater-Verhältnis zerrüttet, und noch immer frage ich mich, ob nicht einzig und alleine die Bahn für unsere Familienmisere verantwortlich und haftbar gemacht werden kann. Eine angemessene Frage, oder?

Sarah putzt die Zähne
(Wenn der Kleine im Bett ist, beginnt das Leben)

Durchschnaufen. Der Kleine liegt im Bett. Endlich. Ich beneide Leute, die behaupten: „Probleme am Abend? Da macht ihr aber irgendwas falsch. Bei uns gibt es beim Zubettgehen der Kinder keine Probleme!" Bei uns schon. Also Durchschnaufen, Füße hochlegen und den Feierabend genießen.
Stopp. Kein Feierabend. Noch bin ich im Dienst an diesem Abend. Ich muss noch fernsehen – aus dienstlichen Gründen.
Wie? Arbeit sei das, wundern Sie sich, wenn man fernsieht? Und ich halte dagegen: Jawohl, das an diesem Abend war sogar eine Knochenarbeit.
22.22 Uhr, Pro Sieben: Man weiß nicht so recht, hat die angekündigte Sendung schon begonnen oder läuft noch der Werbespot? Die Grenzen scheinen fließend, und öfter lächelt eine junge Frau mit hellblonden Haaren in die Kamera: Sarah Connor! Eine Delmenhorsterin, die mal in der Küche beim Abwasch gezeigt wird, mal beim Anlegen einer Gesichtsmaske; die mit ihrer kranken Katze zum Tierarzt geht und am Nachmittag mit dem Vater in den Garten zum Kaffeetrinken.
Spannende Geschichte, hat der Fernsehsender in seiner Programmvorschau angekündigt. Aha, haben wir gedacht und uns um weitere Konzentration bemüht – schließlich wollten wir jene Frau näher kennen lernen, die demnächst in Kempten auf der Bühne stehen würde.
Sarah Connor, junger Popstar mit deutschem

Geburtsort, irisch-amerikanischen Vorfahren und soulgefärbter Stimme; mit einem kleinen Kind und dem Mann Marc Terenzi; mit einem Haus in Wildeshaus bei Bremen und einer kleinen Katze. Das also ist Sarah Connor. Damit ist schon viel über sie gesagt.

Sie sei privat eine normale junge Frau, beteuert die Sängerin mit ihren 22 Gold- und sechs Platinplatten und Hits wie „From Zero to Hero". Eine Frau, die am Morgen aufwacht, aus dem Bett steigt, ins Badezimmer geht und danach frühstückt. Sappradi. Stellt man sich so eine Pop-Queen vor? Steht tatsächlich vor dem Badezimmerspiegel und putzt sich die Zähne. Danach wischt sie womöglich den Spiegel ab, weil er ein paar Spritzer abbekommen hat.

Mal ehrlich: Hätten Sie gedacht, dass eine Sarah Connor beim Zähneputzen kleckert?

Dass auch sie ihr kleines Baby wickelt, wenn es die Windeln voll hat?

Dass die blonde Sarah einen Topf spült, wenn er dreckig ist?

Zum Glück gibt es Pro Sieben und diese siebenteilige Sendung. „Sarah und Marc in Love" heißt sie, und dem jungen, blonden Popstar ist es eine Herzensangelegenheit, die Kamera in ihr Wohnzimmer zu bitten.

„Jetzt habe ich die Chance, zu zeigen, wie ich wirklich bin", erklärt sie via Bildschirm. Schließlich gebe es so viele Menschen, die sich das Leben der Sängerin komplett anders vorstellen. An die hat Sarah Connor gedacht. Denen will sie helfen, ein bisschen Freude bereiten und ihnen vielleicht sogar Tipps fürs Leben mit auf den Weg geben.

In einer Sendung vor jener, die ich anschauen musste (aus dienstlichen Gründen!), hatte sich Freund Marc eine kleine Schnittwunde an der Hand zugezogen. Beim Streichen auf der Terrasse.

Sarah Connor war zu dieser Zeit beim Tierarzt, und als sie per Handy die Mitteilung bekam, dass ihr Darling beim Nähen der Wunde im Krankenhaus sei, hat sie sich prompt auf den Weg zum Patienten gemacht. Das ist Lebenshilfe pur, nach dem Motto: Liebe Mädels zu Hause im Wohnzimmer, wenn sich Euer Freund oder Ehemann mal verletzen sollte, müsst Ihr ihm beistehen. Das, bitteschön, ist richtige Liebe in guten und eben auch in schlechten Zeiten.

Gegen 23 Uhr an diesem harten Arbeitstag war alles vorbei. Der Popstar winkte ein letztes Mal ins heimische Wohnzimmer und ich hatte endlich Dienstschluss.

Lockere Arbeit, sagen Sie immer noch? Alles Ansichtssache, sage ich, und würde mich sogar bereit erklären, meinem Sohn beim Zubettgehen drei Geschichten mehr als sonst vorzulesen, um einem ähnlichen Dienst künftig aus dem Weg zu gehen.

Wenn zwei sich streiten ...
(... ist der Dritte mitunter ein Depp)

Wir wollten den Nachbarn aus dem Süden der Stadt eine Freude machen. Schließlich kennen wir uns schon lange, pflegen gemeinsame Interessen, und so haben wir ihnen versprochen, sie an diesem Spätnachmittag auf dem Weg zum Sportplatz zu begleiten.
Ihr Sohn spielt Fußball. Im Verein und mit großer Leidenschaft.
„Wo kickt Kevin Kurayni, wie alt ist er und in welchem Land geboren? Wie heißt das Stadion in München, wie das in Kempten? Und wer wurde 1995 deutscher Pokalsieger?", schmettert er mir, wenn sich die beiden befreundeten Familien mal wieder verabredet haben, seine Fragen entgegen. Ohne groß Luft zu holen und auch bevor ich seine Mutter oder seinen Vater begrüßen kann.
Ich lege dann immer mit großer Geste den Kopf zur Seite und die Stirn in Falten, um Sekunden später dann doch (mehr oder weniger) zu kapitulieren: „Die Stadien in München und Kempten heißen Allianz Arena und Illerstadion, alles andere weiß ich nicht; also sag schon!"
Kinder eben, denke ich mir, wissbegierig und nichts ahnend, was Begriffe wie aufdringlich oder nervtötend bedeuten.
Nur gut, sage ich mir in jenen Momenten, dass mein Kind kein Fußball-Enthusiast ist. Zugegeben: Auch unser Frederik klebte vor und während dieser Jahrhundert-Weltmeisterschaft 2006 fleißig Fußballbilder

in sein Panini-Album. Aber er spielt nicht selbst. Wir sind Zuschauer. Meine Frau ein völlig unbedarfter. Ihr die Abseitsregel erklären zu wollen, würde vermutlich zwei Wochen dauern, und ich bin schon froh, wenn sie nicht mehr dauernd rätselt, ob ein Sieg dem Gewinner nun zwei oder drei Punkte einbringt.
Aber sie kann gut pfeifen. Auf zwei Fingern. Schrill und laut und lang. Eine Gabe von unschätzbarem Wert beim Besuch eines Fußball-Jugendspiels.
Mein kleiner Sohn Frederik kann nur ein bisschen vor sich hin blasen, dafür aber um so lauter schreien. Auch das macht Eindruck auf den Sportplätzen.
Und ich? Na ja, vom Schreien werde ich schnell heiser, das muss ich gestehen, und wo man genau die Finger im Mund platzieren muss, um einen deutlich vernehmbaren Ton zu erzeugen, habe ich bis heute nicht begriffen.
Ich bin wohl zum stillen Genießer geboren. Ein Fußball-Gourmet! Und ich kenne mich aus in den Fußballregeln. Ich weiß, was ein Libero ist; ja, ich habe selbst auf dieser Position als Jugendlicher den Strafraum sauber gehalten. So sagt man doch?
Ich weiß, sofern ich nicht gleich am Samstagmorgen nach dem Aufstehen danach gefragt werde, wie oft Deutschland Weltmeister geworden ist, wie man die Flanken von Manni Kaltz nannte oder auf welche Spitznamen Stars wie Franz Roth aus Biessenhofen oder Karl-Heinz Riedle aus Simmerberg hörten.
Ja: Ich bin ein Fußball-Fachmann.
Wir sind also mitgegangen an diesem Nachmittag mit unseren Nachbarn, und haben auf dem Sportplatz ihren Buben angefeuert. Meine Frau, mein

Sohn und ich. Bewundernswert, mit welcher Hingabe, mit rotem Kopf und geballter Faust, unsere Bekannten und die anderen Eltern mitfieberten. Kein Vergleich zu den kickenden Kindern, denen, so schien es mir, nicht so wichtig war, wer letztlich den Platz als Sieger und wer als Verlierer verlassen würde. Vielleicht hat ihnen auch noch keiner die Drei-Punkte-Regelung erklärt.
Dann kam die 23. Spielminute. Die ominöse 23. Minute!
Dietmar, das Kind unserer Bekannten, schnappte sich den Ball an der Mittellinie, umkurvte erst den einen Gegner, dann den anderen, und als sich ihm wenige Meter vor dem gegnerischen Tor ein dritter Abwehrspieler in den Weg stellte, setzte unser Dietmar alles auf eine Karte – statt den besser platzierten Mitspieler rechts an seiner Seite zu beachten.
Dietmar blieb hängen. Blöderweise. Und die große Chance auf ein Tor war futsch.
„Mensch Meier, spiel' doch ab", pflaumte ihn der Trainer an. Ein knorriger Typ. Ein Trainer jener Sorte, die lange schweigen, aber dann, wenn ihnen der Kragen platzt, die Keule auspacken, zum Äußersten greifen. Ein Allgäuer Original.
„Ich heiße doch gar nicht Meier", konterte der eher wort- als ballgewandte Dietmar.
„Simpl, verarsche ka i mi selber. Du sollsch g'fälligscht abspiele, Fuaßball isch a Mannschaftsschport. Kapiersch des?"
Natürlich hatte ich das schwere Schnaufen meines Bekannten neben mir deutlich vernommen. Sein Bub ein Mensch Meier? Ein Simpl und Kapiersch

des? Natürlich hatte ich gehört, dass er vehement mit den Füßen scharrte wie ein Pferd mit den Hufen kurz vor dem Galopp. Und doch traf es mich wie der Blitz aus heiterem Himmel, als er die Faust ballte, sie nach oben streckte, mit dem ganzen Arm hin- und herwedelte und schließlich in Richtung grantelndem Trainer brüllte: „He, wie redest du mit meinem Buben?"

„Was, des isch dei Rotzleffl?", raunte das Allgäuer Original zurück, schüttelte missgelaunt den Kopf und setzte zum Konter an: „Der soll g'fälligscht abspiele wia die oine au. Koi Wund'r, dass mir allweil verlieret."

Nun muss man sich in so eine arme Vaterseele mit ganzem Herzen hineinversetzen. Macht sich gut gelaunt auf den Weg zum Sportplatz, und zudem mit den netten Bekannten aus dem Norden der Stadt im Schlepptau. Die sollen das enorme fußballerische Können des Kindes bewundern. Die sollen nach dem Abpfiff staunend feststellen: „Dass der Dietmar soooo gut Fußball spielt, hätten wir nicht gedacht!"

Stattdessen dieser Tiefschlag. Dem Buben wird in die Schuhe geschoben, an sämtlichen Niederlagen der Mannschaft schuld zu sein. Öffentlich, wohlgemerkt! Muss es da nicht in jedem von uns rumoren? Es gibt Menschen, die greifen in solchen Momenten zur Waffe – oder mindestens zum Röhrchen mit den Beruhigungspillen.

Kürzen wir es ab. Sekunden später bewegten sich die beiden Männer, Vater und Trainer, auf einander zu. Glauben Sie mir, nicht in der Absicht, sich versöhnlich die Hände zu schütteln. Ich,

die Dramatik des Augenblicks sofort erkennend, schmiss mich todesmutig dazwischen, in der Absicht, die beiden Kampfeslustigen zu beruhigen. Bemühte Sätze wie „Immer mit der Ruhe Freunde", „Wer wird denn gleich abheben" und „Ihr seid doch keine dummen Kinder mehr".

Kaum war der letzte Satz ausgesprochen, hörten Vater und Trainer abrupt auf, sich mit erhobenen Armen und geballten Fäusten zu bedrohen. Sie stemmten die Hände in die Hüften und schauten mich an. Mit einem Blick, der noch grimmiger war als zuvor.

Was mir einfiele, sie als dumme Kinder zu bezeichnen, gifteten sie mich an, ob ich Ärger mit ihnen wollte, und überhaupt sollte ich schauen, dass ich so schnell wie möglich ihren Sportplatz verlasse. Schließlich hätte ich es ja nicht einmal fertig gebracht, aus meinem Sohn einen Fußballer zu machen. Stattdessen stehe dieses bleichwangige Kind (Trainer: „Isch des übrhaupts a richtiger Allgäuer?) mit seiner Mami draußen am Spielfeldrand und der Vater mache sich obendrein lustig über gestresste Trainer und mitfiebernde Spieler-Papas.

Dunkelrote Karte – für die gesamte Familie.

Ich habe nicht diskutiert über diesen Platzverweis, sondern ihn in Sekundenschnelle hingenommen – sehr zum Ärger meines Sohnes, der noch gerne bis zum Spielschluss geblieben wäre.

Na ja, die nächsten Wochen musste ich wenigstens die Fragen von Klein-Dietmar nicht mehr beantworten. Zwischen den befreundeten Familien herrschte vorübergehende Funkstille. Sommerpause, um in der Sprache des Fußballs zu bleiben.

Inzwischen reden unsere Bekannten wieder mit uns, der Bub stellt bohrend seine Fragen und wir überlegen ernsthaft, die Bitte unserer Bekannten zu erfüllen, in der nächsten Saison ein Fußballspiel von Klein-Dietmar anzuschauen.

Denn merke: Allgäuer Trainer und Fußball-Papas sind zwar mitunter unberechenbar und rustikal in ihren Reaktionen – aber alles andere als nachtragend.

Bekenntnisse eines Jungen
(Oder: einen Vornamen wird man niemals los)

Mich erreichte ein Anruf meiner Eltern. Die wohnen im Schwarzwald, etwa 200 Kilometer vom Allgäu entfernt. Dennoch müssen sie mitbekommen haben, dass Freddy Quinn demnächst in Kempten auftreten würde.

Ob ich keine Karten besorgen könnte, fallen sie nach einer kurzen Begrüßungsfloskel gleich mit dem ins Haus, weshalb sie überhaupt zum Telefonhörer gegriffen haben an diesem späten Abend. Zu einer Zeit, während der ich nur ungern angerufen werde. Sonntagabend, 20.15 Uhr, ARD-Tatort-Zeit. Ich bin, das will ich gar nicht leugnen, ein wenig gereizt. Mein Vater nicht. Im Gegenteil, gut gelaunt ist er, und er will Karten für das Konzert mit Freddy Quinn. Wofür, denkt er sich, hat man denn Kinder, die bei der Zeitung arbeiten. Motto: Wenn der nicht an Freikarten rankommt, wer dann?

Ich habe zunächst abgewehrt und ins Feld geführt, dass sie sich schon gut überlegen müssten, ob sie den weiten Weg ins Allgäu auf sich nehmen wollen. Schließlich wisse man im April nie so genau, wie das Wetter werde. Mein Vater ist immerhin über 80. Da könne ich als fürsorglicher Sohn nicht verantworten, dass er sich ins Auto setze und womöglich in einen Schneesturm gerate.

„Ein Gegenvorschlag: Kommt doch lieber einen Monat später", lautete mein Rat an Vater und Mutter. Zu dieser Zeit beginne die Schubertiade in Schwarzenberg mit toller klassischer Musik und

vielen wirklich guten Sängern und Sängerinnen. Oder lasst uns nach Füssen fahren: Dort bieten sie seit geraumer Zeit wieder mal ein Ludwig-Musical. Diesmal mit eingängigen Melodien aus der Feder von Konstantin Wecker (dass es dort auch hin und wieder hinter den Kulissen kracht, verschweige ich).
Alles tolle Alternativen, oder?
Nein, nein, mein Sohn, sprach der Vater jovial in die Telefonmuschel: Er und seine Frau (meine Mutter) wollten nicht irgendwo hingehen, das könnten sie schließlich auch zu Hause bei sich in Villingen-Schwenningen. Ein Konzert mit Freddy Quinn möchten sie hören, ob ich ihn denn nicht verstanden hätte. „Sein" Freddy Quinn spiele eben nun mal in Kempten und nicht in Villingen-Schwenningen.
„Weiß der Teufel, weshalb er ausgerechnet bei euch im Allgäu auftreten will", wunderte sich mein Vater obendrein.
Was denn bitteschön an diesem Quinn so toll sei, wollte ich wissen, und schluckte gerade noch die Bemerkung hinunter, dass der doch eigentlich schwul sein solle. Ob ihm und seiner Frau diese brisante Information nicht entgangen sei.
Meine Eltern ließen sich, wie all die Jahre zuvor im Umgang mit mir, nicht beirren. So bekam ich zur Antwort, dass der Mann doch ein guter Sänger sei. Gerade damals, in den 60er Jahren, hätte der Quinn für gute Laune und Zuversicht in einem Land gesorgt, das solche Stimmung gut gebrauchen konnte (heute übrigens auch, murrte mein Vater). Und der Sänger mit dem exakten Seitenscheitel habe sich damals schon herzzerreißend gewünscht:

„Junge, komm bald wieder". Weshalb nicht nur sie sich damals geschworen hätten, dem Freddy die Treue zu halten und ihn stets in guter Erinnerung zu halten. Mein Vater beteuerte das in diesem Telefonat mit einer Hingabe und Vehemenz, dass sich in mir (geboren im Jahre 1962) so langsam aber sicher ein mulmiges Gefühl breit macht.

Sollte womöglich mit meinem Vornamen etwas nicht stimmen? Sollte ich womöglich benannt sein nach ...

Ich stellte keine Fragen mehr, versprach, zwei Karten für das Konzert mit Freddy Quinn zu besorgen, bot Vater und Mutter an, bei uns zu übernachten und sie am Abend des Konzerts vor die Halle zu fahren und auch wieder abzuholen. Dann beendete ich das Gespräch. Auf den ARD-Tatort konnte ich mich an diesem Abend nicht mehr konzentrieren.

Merke: Es gibt Antworten im Leben, die will man nicht unbedingt hören.

„Kenne mer d' Märklin aufbaua?"
(Sehnsucht nach Mecklenburg-Vorpommern)

Man kann sich auf verschiedene Art und Weise dem Weihnachtsfest nähern. Bei uns geht das meist so: Mein Sohn ist plötzlich ganz nett zu mir, bringt mir unaufgefordert die Pantoffeln ins Wohnzimmer, erzählt ausführlich von Neuigkeiten in der Schule, um sich dann mit süßer Stimme zu erkundigen: „Kenne mer heit d' Märklin aufbaua?"
Märklin. Ein Wort mit vielerlei Bedeutung. Zum einen ist das eine Modell-Eisenbahn, jawohl. Aber eine Märklin bedeutet noch viel mehr für Vater und Sohn. Die Sehnsucht nach der Ferne und Freiheit dampft da auf zwei mitunter rostigen Schienen, der Wunsch, lästige Aufgaben und allen Alltagsärger zurückzulassen am Bahnhof wie zwei schwere Koffer, die man nicht mehr tragen will.
Mein Sohn fühlt inzwischen wie ich. Auch ihm geht am Ende eines Jahres die Luft aus. Er seufzt, öffnet den Mund und draußen ist sie!
Mein Sohn hat Mitte Dezember die Nase voll von all den Hausaufgaben, die ihm seine Lehrerin Monat für Monat aufgebrummt hat. Von all den Verboten, mit denen seine Mutter versucht hat, einen besseren Menschen aus ihm zu machen.
Ach, kann diese Welt furchtbar und anstrengend sein!
Mein Sohn will einfach weg. Fort. Er will zusammen mit seinem Papa in die Ferne fahren. Nach Amerika. Oder Spanien. Auch Hannover wäre recht. Hauptsache weg aus der gewohnten Umgebung des

Allgäus. Selbst nach Mecklenburg-Vorpommern würden wir reisen, haben wir uns per Handschlag versprochen.

Ich kann meinen Sohn gut verstehen. Wir beschließen auch in diesem Jahr, zwei Wochen vor Heilig Abend: Ab jetzt ist Märklin-Zeit.

Damit fängt das Drama an. In welches Eck auf dem Speicher haben wir im letzten Jahr die Schienen verstaut? In welcher der 25 Kisten, die dort oben neben- und übereinander stehen? Wo haben wir den Trafo verpackt, und wenn er endlich gefunden ist, lautet die weitere Frage: Weshalb fehlt am roten Kabel der kleine Stecker samt Gehäuse?

Wir brauchen drei Tage, bis wir alle Teile gefunden haben – Schienen, Weichen, Trafo, Tunnels, Plastikbäume, Loks, Triebwagen, Anhänger. Aber uns ist klar: diese Märklin-Eisenbahn wird nicht laufen. Weil irgendjemand im letzten Jahr vergessen hat, einen kleinen Stecker mit Gehäuse für das rote Kabel am Transformator zu kaufen. Für meinen Sohn steht fest, wer dieser Irgendjemand ist. Er bestraft mich auf seine Art und Weise und spricht einen Tag lang nichts mit mir. Drei weitere Tage dauert es, bis der Ladenbesitzer, bei dem wir das fehlende Teil bestellt haben, uns mitteilt, dass die Lieferung mit dem kleinen Stecker samt Gehäuse angekommen sei. Unsere Stimmung steigt.

Wir machen uns ans Werk, lassen die ersten Schienen ineinander gleiten und vernehmen nach einer Stunde, als wir das Kabel des Trafos in die Steckdose stecken, lediglich ein Brummen. Unsere Stimmung sinkt. Der neu gekaufte Stecker samt Gehäuse funktioniert zwar, aber der Trafo streikt.

Also wieder ins Fachgeschäft. „Zwei Tage", erklärt uns der gar nicht so freundliche Herr, „werde ich schon benötigen, um dieses alte Ding zu reparieren. Das ist ja uralt!"
Mein Sohn und ich warten und legen einstweilen unsere Sehnsucht nach der Ferne zurück in die Schublade. Nach zwei Tagen kramen wir sie wieder hervor. Die Stimmung steigt, wir arbeiten wieder an unserer Strecke. Dass wir uns richtig verstehen: Wir gehören nicht zu jenen, die sich mit einem simplen Kreis zufrieden geben. Mein Vater war bei der Bundesbahn, da bekommt man die Liebe zum Zug mit in die Nuckelflasche geschüttet. In Bähnler-Familien hat man gefälligst zu wissen, dass ein TEE nichts zu trinken ist!
Wir also bauen jedes Jahr eine anspruchsvolle Strecke auf, mit Außen- und Innenkreis, mit Nebenstrecke und Abstellgleis. Das dauert, sicherlich. Aber es lohnt sich. Wenn die Lokomotive funktioniert. Bei unserer, ein altes, aber insgesamt sehr robustes Schweizer Modell, verschwindet manchmal der Gummi am Antriebsrad. Auch in diesem Jahr. Zum Glück habe ich einen Kollegen, einen Fotografen, mit technischem Geschick. Nur: Er hat diesmal recht wenig Zeit und muss fast rund um die Uhr fotografieren. Drei Tage müssten wir schon warten, gibt er zu bedenken, ehe er sich um das wertvolle Stück kümmern kann.
Wir warten wieder und die Stimmung sinkt.
Das geht noch ein paar Tage so, bis wir alles beieinander haben. Ein paar Schienen sind verbogen; die Mutter meines Sohnes vernichtet beim täglichen Staubsaugen mit einem Tritt Bahnhofsgaststätte,

Wärterhäuschen und Bauernhof samt Kühen und Katzen; dann streikt der Triebwagen.

Am 23. Dezember können mein Sohn und ich endlich verreisen und unsere Sehnsucht erfüllen. Wir haben uns für Mecklenburg-Vorpommern entschieden. Weil wir ja einen Tag später wieder zu Hause sein müssen. Am besinnlichen Heilig Abend.

Große Auftritte I:
Eskalation am Centercourt

Zahnarzt Sigurd Stresemann mit Frau Gabrielle und Herr Klaus Baumberger, ein Topvertreter für Fertigsuppen, ebenfalls mit Frau (Biggi) sehen dem Spiel ihrer Sprösslinge, Loris und Jean, zu.

Frau Biggi *(am Zigarillo saugend)*:
An dem Slois muss er noch arbeiten. Ich sag immer ...

Herr Baumberger *(zwischen den Zähnen)*:
Slais, das heißt Slais.

Frau Biggi *(streng ausblasend)*:
Genau. Sag ich doch. An dem Slais muss er noch arbeiten, der kommt zu hoch. Viel zu hoch ...

Herr Baumberger *(aufgeregt popelnd)*:
Zu wenig Fahrt. Die Bälle kriegen zu wenig Fahrt. *(Ruft)* Schang!, *(zeigt)* Sssst! Sssssst!

Frau Biggi *(wie freundlich zu Frau Gabrielle)*:
Ausgerechnet im Halffainl. Sonst kommt der Slois optimaal. Ausgerechnet auf dem Sentacoot kommt der Slois nicht.

Frau Gabrielle *(zugewandt)*:
Vollkommen richtig. Ihr Schaaa müsste noch an einigem arbeiten. Nur als Tipp. Wenn sie einen Tipp hören mögen.

Frau Biggi *(wie lächelnd)*:
Tipp? Eigentlich ... Nun ja ... sagen Sie's halt ...

Herr Stresemann *(sachlich)*:
Ich würde ja zuerst am Aufschlag arbeiten. Also ganz von vorne ... weil der ist eine Katastrophe ... nur als Tipp.

Frau Biggi *(kühl, aber heftig am Zigarillo saugend)*:
Katastrophe, wie meinen Sie denn das? Immerhin ...

Frau Gabrielle *(es gut meinend)*:
Nur als Tipp, nicht wahr. Natürlich kann Ihr – wie heißt er – Schaaa? *(Seitenblick auf Herrn Stresemann)* ... Schaaa aufschlagen, wie er will.

Herr Stresemann *(professionell)*:
Eine Katastrophe, die Ausholbewegung ist eine Katastrophe.

Frau Biggi *(spitz)*: Immerhin ist er mit dem Aufschlag bis ins Halbfinale gekommen.

Frau Gabrielle *(eisern lächelnd)*:
Doch. Sie hamm recht – das ist beachtlich. Mit diesem Slais und diesem Aufschlag ...

Herr Baumberger *(zwischen den Zähnen)*:
Ja, ja. Es ist jedenfalls nix. Wenn sogar Ihr Loris die Bälle leicht kriegt.

Frau Gabrielle *(aufhorchend)*: Sogar? Wie sollen wir denn das verstehen?

Frau Biggi *(wie besorgt)*:
Na, er ist doch arg klein und unbeweglich ... Ihr Loris.

Herr Stresemann *(sonor)*:
Unser Loris ist schon so, wie er sein soll.

Frau Biggi *(hartnäckig)*:
Ein bisserl klein und dünn eben. Gell, wir sagen immer: Wie klein und dünn der Loris ist. Der kriegt wohl zu wenig zu essen bei Zahnarzts ...

Herr Stresemann *(ärztlich)*: Völlig altersgerechter drahtiger Bursche. Kein Gramm zu viel ...

Herr Baumberger *(düster)*: Ein Grischperl halt. Kein Mumm.

Herr Stresemann *(rauh auflachend)*:
Kein Mumm? Dann sehen Sie mal dahin, wie der Ihren – wie heißt er? *(Seitenblick auf Frau Gabrielle)* – Schaaaaaa – über den Platz jagt. Sehen Sie nur mal hin.

Frau Biggi *(heftig das Zigarillo austretend)*:
Das macht dem nichts, der hat Pau'r! *(Ruft)* Gib Gas, Bubi!

Herr Stresemann *(ironisch)*:
Bubi ist gut. Der wiegt doch gut seine eineinhalb Zentner, der Bubi.

Herr Baumberger *(wieder popelnd)*:
Besser als so eine Biafra-Figur.

Frau Gabrielle *(wie über allem stehend)*:
Reg dich bitte nicht auf, Lieber. Manche Kinder sind eben schlank und rank und andere neigen zur Adipositas.

Frau Biggi *(baff)*:
Wie bitte? Positas?

Frau Gabrielle *(gütig)*:
Das ist Latein. Geben Sie sich keine Mühe.

Herr Baumberger *(giftig)*:
Mit Latein gewinnt man kein Tennis.
(Brüllt) Schaaaaaaa! Longlaaaaiiiiin! Ssssst! Herrgottt! Na also!

Herr Stresemann *(gepresst, noch um Contenance bemüht)*:
Aus, aus. Das war g a n z k l a r aus.

Frau Biggi *(kühl)*:
Von wegen. Drin.

Frau Gabrielle *(süßlich)*:
Da wird der Herr Schiedsrichter wohl demnächst ein paar Gratissüppchen in der Post finden.

Herr Baumberger *(scharf nachdenkend)*:
Gratissüppchen? Wie sollen wir denn das ...?

Herr Stresemann *(heiser kichernd)*:
Diese Fehlentscheidung wird dem Herrn Schiedsrichter noch lange schwer im Magen liegen.

Frau Gabrielle *(begeistert aufheulend)*:
Herr Baumberger ist schließlich für seine Suppensäure bekannt!

Frau Biggi *(aus dem Häuschen)*:
Frechheit! Schaaa, zeig's dem Zahnklempner!

Frau Gabrielle *(bleich)*:
Wie bitte?

Herr Baumberger *(in seinen Mundraum deutend)*:
Plombenheini! Da! Da! Alles fällt raus!

Herr Stresemann *(frech)*:
Wenn man auch solche Suppen frisst. Das hält das beste Amalgam nicht aus ...

Herr Baumberger *(ebenfalls bleich)*:
Herr Doktor Stresemann, ich muss Sie hiermit in aller Form darauf hinweisen ...

Herr Stresemann:
Paperlapapp. *(brüllt ebenfalls)* Loris! Hau das dicke Nilpferd weg!

Herr Baumberger *(stammelnd)*:
... Geschäftsschädigung ...

Frau Biggi *(schon heiser)*:
Schaaaaaaa! Keine Gnade!

Frau Gabrielle *(schrill)*:
Voll auf die Plunzeeeee!

Der Schiedsrichter *(ärgerlich)*:
Sailentz bliiis.

Für einen Moment verstummen die Spielereltern.

Herr Baumberger *(sich steif entfernend)*:
Komm Biggi, das wird ein Nachspiel haben!

Herr Stresemann und Frau *(bedeutungsvoll und rhythmisch nickend)*:
Worauf Sie sich verlassen können.

Mein Abteil gehört mir!

Die Reise geht ja gut los. Leute in allen Abteilen. Fremde Leute. Schnarchende Bundeswehrler, lärmende Junggesellen, quengelnde Kinder, pingelige Senioren.
Dazu muss man wissen: ich mag es nicht, wenn es voll ist. Ich mag es nicht, wenn sich fremde bzw. andere Menschen in meiner Nähe aufhalten. Im Fußball-Stadion müssen mindestens fünf leere Sitze zwischen mir und meinem nächsten Nachbarn liegen. Seitwärts. Eine leere Reihe nach unten und oben. Im Kino ebenso bzw. gerne mehr. Es ist nicht einfach, ich gehe nicht oft aus, ich bin oft einsam. Manche Menschen verstehen das nämlich nicht. Zum Beispiel Helga, meine Frau. Meine frühere Frau. Wir haben uns getrennt, weil sie ständig auf meinem Sofa sitzen wollte. Mit mir gemeinsam.
Achtung! Fast wäre ich daran vorbeigerannt: ein leeres Abteil. Komplett leer! Ein misstrauischer Blick auf die Gepäckablage – aber: da ist nichts. Alles leer! Nichts reserviert! Keines dieser kleinen, ungemütlichen Schildchen, das einen an der nächsten Haltestation umsteigen heißt. Ich fühle ein winziges, glucksendes Lachen in mir aufsteigen, ich reibe mir verstohlen die Hände. Ich gleite rasch in mein Abteil und schmiege mich mit dem Rücken an die Tür. Mein kleines Reich. Ich kontrolliere den Abfall. Manchmal gehen Fahrgäste nur kurz aufs Klo und kommen wieder. Man muss den Abfall kontrollieren. Der Abfallkorb ist leer. Keiner

da. Ich atme auf. Da: Geräusche im Gang. Achtung: Leute mit Kindern! Sie kommen den Gang entlang. Sie sind zu viert, sie werfen suchende Blicke in die Abteile. Sie werden mein Abteil sehen und hinein wollen. Es sich bequem machen, Sachen aus ihrem Gepäck räumen. Spielsachen, Bücher, Zeitschriften. Sie werden sich unterhalten. Kinder wollen sich ständig unterhalten. Ich fühle so etwas wie Panik. Das werde ich nicht zulassen. Nur über meine Leiche. Ich lege mein Gesicht in grimmige Falten und muss mich nicht einmal sehr anstrengen. Ich schlage den Mantelkragen hoch und stopfe die Hände tief in die Taschen meines Mantels und stelle mir vor, ich sei ein albanischer Auftragskiller. Die Familie kommt näher. Sie zwitschern aufgeregt und freundlich. Ich werfe ihnen einen langen düsteren Blick zu. Dann ist Ruhe. Die Kinder erschrecken und ziehen die Alten, die schon aufdringlich an mir vorbei ins Innere des Abteils glotzen wollten weiter. Weg von meinem Abteil.

Der Zug fährt an, es ist geschafft, ich habe ein Abteil für mich alleine. Hurra! Rasch den Vorhang zugezogen. Koffer auf die Ablage, Tasche mit den Utensilien unter den Sitz. Ich bin zufrieden. Der Auftragskiller war gut, den muss ich mir merken, der liegt mir. Außerdem habe ich ja noch die Tasche mit den Utensilien.

War da was im Gang? Ich schiele hinter dem Vorhang hindurch. Es ist nichts. Trotzdem aufregend. Fenster öffnen. Frische Luft. Ich atme tief ein. Ich entspanne mich. Ich bin unvorsichtig. Das war ein Fehler! Kaum aus dem Fenster geguckt, da öffnet sich schon die Schiebetür des Abteils. Trotz des

Vorhangs. Ein fremder Mensch tritt herein. Ein Mann, ein kleiner, fremder Mann mit Hut und einer kleinen Reisetasche. „Ist hier noch frei?" Ich öffne den Mund mehrmals krampfhaft, wie ein verzweifelter Karpfen. Er, der Fremde sagt: „Danke, darf ich hier?" Er deutet auf den Platz direkt gegenüber meines Sitzes. Um Gotteswillen, nein! Ich stammele etwas von einer Trombose und einem künstlichen Hüftgelenk und dass ich unter allen Umständen die Beine hochlegen müsse. Er findet das alles sehr bedauerlich und rückt einen Sitz weiter. Einen Sitz weiter! Hinaus sollte er rücken, aus meinem Abteil. In den Gang meinetwegen. Er denkt gar nicht daran, er nimmt sogar seinen Hut ab und schlägt die Beine gemütlich übereinander. Dann beginnt er in seiner Reisetasche zu kramen und liest in Papieren.

So, so – gemütlich will es sich der Herr machen? Die Suppe werde ich ihm versalzen. Die Tasche mit den Utensilien muss helfen. Meine Notfalltasche. Die Tasche mit den Chips und der großen Zeitung und der Knoblauchdose. Zuerst kommt die Zeitung. Mit der wird ausgiebig geraschelt. Die Zeitung ist nicht neu, aber sie raschelt hervorragend. Der kleine Herr blickt freundlich herüber: „Interessant?" Als Antwort lege ich das ‚Albanischer Auftragskiller'-Gesicht an. Leider beachtet mich der kleine Herr nicht weiter. Also, dann die Chips. Aufreißen, sich unter großem Getöse eine Handvoll in den Mund stopfen. Laut und vernehmlich kauen und krachen. Stöhnen und ächzen. Husten. Husten ist immer gut. Der kleine Mann sagt freundlich: „Zum Wohl." Für einen Moment verharre ich ratlos, die Chips

stauben aus meinem offenen Mund. Dann klopfe ich mir wiederholt auf die Brust und huste noch entschlossener: „Wahrscheinlich offene TBC." Der kleine Herr rät: „Sie sollten das Fenster schließen." Ein zäher Brocken, alles was recht ist. Ich muss zum letzten Mittel greifen. Die Knoblauchdose. Ich mag eigentlich gar keinen Knoblauch. Die Knoblauchdose hat mir auf Reisen trotzdem, oder gerade deswegen, schon oft gute Dienste erwiesen. Eine Dose, mit nichts als geraspeltem, frischem Knoblauch darin. Kaum geöffnet, verbreitet sich der Geruch in jedem Raum in Windeseile. In einem solch kleinen Abteil sowieso. Der kleine Herr zieht sichtbar die neue, im Raum dominierende Luft ein. Er legt die Stirn etwas in Falten. Ich habe ihn. Das mag er nicht. Ich fühle eine tiefe Befriedigung in mir aufsteigen. Das Utensilien-Programm hat noch immer Wirkung gezeigt. Das ist wichtig. Wenn ich mich nicht mehr auf die Utensilien verlassen könnte, wäre ich den Menschen rettungslos ausgeliefert. Dann wäre ich verloren.
Im Gang ist plötzlich wieder Lärm. Der Lärm kommt näher. Er macht vor unserem Abteil halt. Eine sehr kleine, aber eiskalte Hand streicht mir über die Nackenhaare. Eine sehr laute und sehr rohe Stimme ruft: „Do isch Blazz genug!" Die Tür wird ratternd und scheppernd aufgerissen. Leute mit Bärten und Rucksäcken: „Do isch doch noch frei?" Ich kann nichts sagen, denn mein Mund ist immer noch voller Chips. Die Bärte schreien: „Dankscheen!" und werfen ihr Gepäck, das Tonnen wiegen muss auf die Ablage. Einer zwängt sich auf den Sitz neben mir und wedelt sich genießerisch

den Knoblauch-Mief zu: „Aah, da waiss ein'r, was guat ischt!" Alle lachen dröhnend. Ich nicke wie unter Drogen und huste verzweifelt. Der kleine Herr hebt den Finger und informiert die Bärtigen: „Es ist wahrscheinlich offene TBC." Alle schreien im Chor: „Das wird schon wieder!" und beginnen zu singen. Der kleine Herr nickt mir aufmunternd zu.
So muss es im Fegefeuer sein.

Große Auftritte II:
Opa ist der Weihnachtsmann

Jedes Jahr dasselbe Theater. Immer will Opa den Weihnachtsmann machen. Obwohl jeder – sogar das verblödetste Enkelchen weiß: der Weihnachtsmann ist Opa. Das kommt hauptsächlich wegen seines doppelten Barts. Ein weißer Rauschebart und darunter der richtige. Das sieht vielleicht aus. Und die Panorama-Brille. Niemand im ganzen Land trägt noch eine solche Brille. Nur Opa.

Der Nikolaus betritt den Raum. Kinder und Enkel warten schon.

Die Enkel:
Opa. Hallo Opa.

Die Kinder:
Ruhe. Das ist nicht Opa. Das ist der Weihnachtsmann.

Die Enkel:
Aber die Brille. Das ist doch ...

Die Kinder:
Bsszzt. Der Weihnachtsmann hat eben auch so eine schöne Brille wie der Opa ...

Der Nikolaus:
Korrekt. Ich lese nun aus meinem goldenen Buche. Darinnen stehen alle Untaten, die solche Kinder wie ihr da begangen habet. –

Die Enkel:
Gar nicht wahr.

Der Nikolaus:
Das wirst du gleich sehen. Wehe, wehe!

Die Kinder:
Bitte anfangen, lieber Nikolaus!

Der Nikolaus:
Okay. Also, es geht los:
>Von draußen weit komm ich gefahren,
>vom tief verschneiten Winterforst.
>Den Schlitten voll mit den Geschenken,
>das Rentier, das ihn zieht, heißt Horst.

Die Kinder:
Glucks ...

Der Nikolaus:
Habt ihr was gesagt?

Die Kinder:
Nein, nein. Bitte weiter, lieber Nikolaus!

Der Nikolaus:
Na gut. Wo war ich?

Die Enkel:
Horst.

Der Nikolaus:
Richtig. Brav. Ähem ...

Ich bringe euch gar viele Gaben,
das Zimtgebäck und den Pezee.
Wer frech war, muss die Rute haben,
das ist kein Spaß, weil: die tut weh!

Die Kinder:
Gluucks ... gluucks ...

Der Nikolaus:
Was ...? Na egal:
Dann jammert gell der Sünder Schar,
versteckt sich hinter Stuhl und Tresen.
Und denkt: ja es ist wirklich wahr –
wär ich bloß dieses Jahr schön brav gewesen!

Die Kinder:
Pruuuuust!

Der Nikolaus:
Ruhe! Es geht noch weiter!

Die Enkel:
Opa, warum hast du denn noch einen Bart?

Die Kinder:
Glucks ... das ist ein Ersatzbart ... wenn ... also wegen ...

Der Nikolaus:
Ist jetzt endlich Ruhe? Ich bin der Weihnachtsmann und damit basta.

Die Enkel:
... aber ...

Der Nikolaus:
Seht ihr das? Das ist die Rute! Und wenn ihr jetzt nicht augenblicklich den Rand haltet ...

langsam ausblenden

Die Kinder:
Die Kinder werden nicht geschlagen!

Der Nikolaus:
Und ob – das werdet ihr gleich sehen!

Die Enkel:
Böser Opa.

Der Nikolaus:
Rotzlöffel! Alle miteinander!